L¹⁷/₂₀

LE LITTORAL

DE

LA MÉDITERRANÉE

MARSEILLE MODERNE ET SON AVENIR

PAR

M Edouard SALVADOR

AUTEUR DES FORCES PRODUCTIVES DE LA FRANCE, DES DOCKS ANGLAIS
DE L'HISTOIRE DES ÉCHELLES DU LEVANT, ETC., ETC.

———×———

PARIS

AMYOT, 8, RUE DE LA PAIX

—

1868

QUELQUES MOTS A MES LECTEURS

Le cadre de Marseille moderne était tout tracé dans les deux éditions que j'ai publiées de mon *Histoire des Echelles du Levant*, l'une, avant la guerre de Crimée, en 1854; l'autre, après cette même guerre, en 1857. Mais, depuis dix années, la métropole de la Méditerranée s'est transfigurée et a fait des pas de géant. Il s'agissait donc d'imprimer à ce cadre une nouvelle physionomie et de le porter à sa véritable hauteur. Avec tous les documents que j'avais à ma disposition, rien ne m'eût été plus facile que de disserter et d'épiloguer sur les projets exécutés ou en voie de s'accomplir, sur ce qui a été fait et sur ce qui reste à faire. J'aurais pu même, avec un peu de bonne volonté, me donner des allures de savantasse émérite. Ce n'était ni dans mes goûts, ni dans mon but. Je n'ai ambitionné que d'esquisser un simple tableau, une sorte de photographie de la grande cité moderne. Je me suis borné à voir les lieux de très près, à constater les progrès acquis, à sonder les chances de l'avenir, et je n'ai pas reculé devant les chiffres, tout décharnés et monotones qu'ils puissent être, lorsqu'ils m'ont paru ne pas manquer d'un certain genre d'éloquence.

S'il ne fallait, pour réussir, que l'amour

du pays, le culte des vieux souvenirs et des affections de longue date, je serais fort peu inquiet sur le sort de mon travail. Je ne me dissimule pas qu'il y faut quelque chose de plus et ce quelque chose, je ne me flatte certes pas d'en être pourvu. Tel qu'il est, je dédie cet essai à mes compatriotes, et j'aurai, dans tous les cas, pour excuse, je l'espère du moins, le sentiment qui me l'a inspiré.

SALVADOR.

Paris, ce 1er mai 1867.

LE LITTORAL DE MARSEILLE

ET SES NOUVEAUX ANNEXES

—❦—

CHAPITRE PREMIER

Le chemin de fer d'Avignon à Marseille. — Arles. — La Camargue, la Crau et leurs améliorations. — Les canaux d'Adam de Craponne, des Alpines et autres. — La Durance et le château d'eau de Lamanon. — Le canal et le port de Bouc. — Projet de Vauban. — Le canal des Martigues. — La mer de Berre et ses industries. — Le canal Saint-Louis. — Les étangs de la Valduc, de Rassuin, de Citis, du Pourra, d'Engrenier, de Fos, etc., etc. — Le canal de Provence. — L'aqueduc de Roquefavour et du Gard. — Avenir agricole et industriel de Marseille.

La grande artère du chemin de fer qui relie aujourd'hui Marseille à Paris et à Lyon, à Toulon et à Nice, le canal de Provence, avec ses nouvelles soudures , auquel un ingénieur éminent, M. de Montricher, a consacré sa vie et rattaché la gloire impérissable de son nom, à côté de ceux de Riquet, d'Adam de Craponne et de Boisgelin, ont régénéré l'aspect du territoire de la métropole du Midi et l'auront bientôt transformée en une ville agricole et manufacturière, d'une importance très réelle.

On a dit qu'elle devait symboliser, à l'extérieur, la façade de la France; à l'intérieur, elle est sur le point de rayonner sur tout le bassin de la Méditerranée qui l'avoisine et de reprendre son ancien rôle de fondatrice de colonies.

Marseille compte aujourd'hui une population de 300,000 âmes ; elle touche, en quelques heures, par le chemin de fer d'Avignon, aux terres les plus fertiles et aux plages les plus fécondes de la Provence. Grâce à la haute initiative de l'empereur Napoléon III, qui a si bien pénétré l'avenir de ce grand centre commercial et qui lui a donné, à plusieurs reprises, d'éclatants témoignages de ses plus vives sympathies, l'ancienne Phocée est devenue la tête et le bras d'entreprises immenses de canalisation , d'irrigation, d'endiguement, de ports de refuge et de commerce, de dessèchement de marais, de défrichement de plaines qui s'élaborent dans son périmètre. Ces entreprises forment comme un appendice de son littoral et présentent l'un des côtés le plus neuf et le moins connu de ses annexes que nous voudrions essayer de mettre en relief.

Le magnifique coup d'œil que Marseille a perdu, des hauteurs de la *Viste*, elle l'a regagné par de pittoresques échappées de vue sur les dentelures de ses côtes. Rien de plus accidenté et de plus varié que la ligne du chemin de fer d'Avignon jusqu'à la Méditerranée. Une promenade faite, à petites journées , le long de cette ligne et dans les contrées qui se groupent autour d'elle, serait de nature à satisfaire le touriste du goût le plus difficile pour l'imprévu, et l'observateur le plus curieux de l'énergie de l'homme appliquée à dompter la nature et à triompher de ses plus rudes obstacles.

C'est d'abord Arles, l'ancienne Constantine, la ville de prédilection de Constantin le Grand, le siége de la préfecture des Gaules. On connaît son portail et son cloître fameux de Saint-Trophime, moitié gothique, moitié roman, qui n'a de rival que le portail de Saint-Gilles ; sa ravissante abbaye de Montmajour et sa délicieuse chapelle de Sainte-Croix, du xie siècle ; son hôtel de ville et la voûte qui le distingue, bâti par Mansard. Elle a doté les arts de deux chefs-d'œuvre de la statuaire antique : la Vénus, qui porte son nom *, découverte en 1651 ; le

* La Vénus d'Arles a été trouvée, en 1651, dans une fouille faite au Théâtre romain. Cette Vénus tenait dans sa main gauche un miroir. La ville d'Arles en fit hommage à Louis XIV, en 1653 ; il la fit placer à Versailles, d'où elle est venue au Louvre.

buste délicieux d'une autre Vénus, au nez tronqué, que l'on croit être un buste de Livie copié d'un bronze de Praxitèle, et qui n'est pas sans analogues dans la moderne cité.

Viennent ensuite, le long des charmantes prairies qu'arrose le canal de Craponne, les Aliscamps (*Elysii campi*), où se pressent les sépulcres et les cippes romains que le Dante a illustrés *; son ancien Théâtre, où prenaient place tant de hauts personnages consulaires ; ses débris de forum et son cirque, avec sa triple rangée d'arches ; son parfait ovale si bien conservé, mais qui n'offre pas les allures imposantes et le grand air des Arènes de Nîmes.

On sait la grâce héréditaire, la distinction de type, la richesse de carnation et l'exquise

---

* Siccomme ad Arli, ove 'l Rodano stagna,
Fanno i sepolcri tutto 'l loco varo.
(Le DANTE, *Inferno*, c. IX.)

beauté des jeunes Arlésiennes, qui, par un heureux assemblage, réunissent la pureté des lignes
grecques à la vivacité du sang arabe.

Au ve siècle, sous le règne d'Honorius et de
Théodose le Jeune, Agricola étant préfet des
Gaules ... passait pour la métropole la plus
florissa... es sept provinces romaines* du Midi.

« Tout ce que le riche Orient, porte un rescrit
impérial de 418, l'Arabie parfumée, la délicate
Assyrie, la fertile Afrique, la belle Espagne, la
Gaule courageuse produisent de renommé,
abonde en ce lieu avec une telle profusion que
toutes les choses admirées comme magnifiques
dans les diverses parties du monde y semblent
des produits du soi. La réunion du Rhône à la
mer Toscane rapproche et rend presque voisins

---

* La Viennoise, la première Aquitaine, la seconde
Aquitaine, la Novempopulanie, la première Narbon-
naise, la seconde Narbonnaise et la province des
Alpes maritimes.

les pays que le premier traverse et que la seconde baigne dans ses sinuosités. Ainsi, lorsque la terre met au service de cette ville tout ce qu'elle a de plus estimé, lorsque les productions particulières de toutes les contrées y sont transportées par terre, par mer, par le cours des fleuves, à l'aide des voiles, des rames et des charrois, comment notre Gaule ne verrait-elle pas un bienfait dans l'ordre que nous donnons de convoquer une assemblée publique au sein de cette ville, où se trouvent réunies, en quelque sorte par un don de Dieu, toutes les jouissances de la vie et toutes les facilités du commerce? »

A cette époque, Arles ne renfermait pas moins de 100,000 habitants, au nombre desquels figuraient des empereurs. Les eaux du Rhône, ouvertes à toutes les nations, étaient sillonnées sans cesse par des navires qui, venant des contrées les plus lointaines, s'y donnaient rendez-vous, comme au centre de la civilisation

et de l'opulence la plus raffinée dans les Gaules.
La Baltique y importait l'ambre jaune et de précieuses fourrures; la Grande-Bretagne, l'étain;
l'Espagne, ses plus belles races de chevaux, le
cuivre, le fer, l'or de ses mines; les Grecs
l'approvisionnaient des aromates de l'Asie, des
fins tissus de Constantinople, des byssus, des
objets manufacturés de l'Archipel, des papyrus
de l'Egypte dont la France a fait usage jusqu'au
xie siècle, de gomme, d'ivoire et de poudre d'or.
Arles exportait, en échange, des armes damasquinées avec une rare perfection, des ouvrages
en or et en argent recherchés par la richesse et
le fini du travail, des étoffes destinées aux voiles
et au gréement des navires, du blé, de l'huile
et toutes les productions du sol de la Gaule.

Il en est du sort des villes comme du sort des
nations et des hommes : l'ancienne Constantine
est, depuis lors, bien déchue de sa splendeur
d'autrefois. Sa population a été successivement

réduite à 16,000 âmes environ. On ne remarque plus, dans l'intérieur de la cité, que quelques hôtels aux allures imposantes du moyen âge, mais délabrés et solitaires, son faubourg de Trinquetaille, quelques ruines éparses; à l'extérieur, un assez joli jardin public et des boulevarts de ceinture qui ne manquent ni de grâce ni de fraîcheur.

Le territoire agricole, au contraire, s'est accru dans de très larges proportions. Ce territoire est doué d'une originalité qui lui est propre et mérite d'être étudié et décrit de près. Sa contenance n'est pas moindre de 123,014 hectares, et forme, à elle seule, le quart du département des Bouches-du-Rhône. Arles est aujourd'hui bien plus qu'une ville : c'est un champ immense à défricher qui vaut bien l'antique métropole des Romains.

Du haut de la tour qui domine ses Arènes et que l'on suppose avoir été construite, au moyen

âge, pour se défendre contre l'invasion des Sar-
rasins, se déroule la vaste plaine de la Camargue,
le champ de Caïus Marius, surnommé le delta
du Rhône, à cause de son analogie saisissante
avec le delta du Nil. Du temps de Jules-César,
cette plaine était à l'état de forêt si touffue, que
le grand capitaine romain put y trouver assez
de bois pour la construction de neuf galères qui
fut effectuée en dix-neuf jours. Lucain décrit,
dans la *Pharsale*, le bois sacré qu'il fit abattre.

La configuration de la Camargue est celle
d'une cuvette dont la partie la plus élevée se
compose d'un bourrelet d'alluvion qui accom-
pagne les deux bras du Rhône ; la partie la plus
basse sert de tête aux étangs salés, dont le
Valcarès est le plus considérable. Son étendue
est de 74,600 hectares, dont 52,120 hectares
appartiennent à la commune d'Arles et 22,000
à celle des Saintes-Maries, qui en occupe l'angle
sud-ouest. Elle se prolonge depuis Arles jusqu'à

la mer, ce qui lui donne la forme d'un triangle dont un sommet touche à la ville et dont les bouches du Rhône et Notre-Dame de la Mer forment les deux autres sommets. Le plus long côté de ce triangle est occupé par le cours du grand Rhône, qui limite cette plaine; au levant, ses marais et ses étangs sont évalués au quadruple des maremmes réunies de la vallée de l'Ombrone, en Toscane.

Quatre zones, de différente nature, se partagent le sol de la Camargue.

La première zone, la plus rapprochée du fleuve, d'une contenance de 18,600 hectares, renferme surtout des terres labourables : c'est la plus riche et la plus féconde du delta, le vrai grenier de la Provence ; la seconde zone, d'une contenance de 31,360 hectares, ne se compose que de pâturages et de terres vagues; la troisième, d'une contenance de 10,400 hectares, que de marais ; enfin, la quatrième, d'une contenance de 19,900 hectares, n'a pour lot que des étangs et des bas-fonds salés. Ces étangs sont séparés de la mer par de petites dunes, et se tiennent ordinairement de 1 mètre à 1 mètre 25 au dessous de son niveau ; leur profondeur n'atteint pas 1 mètre.

La zone en terres labourables possède plus de 170 métairies, connues en Provence sous le nom de *mas*, dont le fermage s'élève depuis 20,000 jusqu'à 12 ou 15,000 fr. Chaque mas est entouré de bouquets d'arbres, d'oliviers, d'une vigne et d'un jardin. La baronnie de Chartrouse, les domaines de Beaujeu, Cabanes, Fiélouse, Méjanne, Romieu, Signoret, se distinguent comme des centres agricoles privilégiés, qui réunissent l'utilité des produits à tous les attraits d'une riante culture. Une prime d'honneur a été récemment décernée à M. Maiffredy pour les améliorations qu'il a réalisées dans sa belle propriété du Mas de Vert.

Cette zone produit encore, en abondance, des céréales, d'une qualité supérieure, fort recherchées, connues sous le nom de *touzelle* d'Arles, qui donne lieu à un commerce considérable. C'est là que s'étalent les plus beaux et les plus vastes champs de blé du Midi, et que de vraies armées de moissonneurs viennent, en caravane, camper en été, de tous les points de la Provence, du Gard, du Dauphiné, du Piémont, et recueillir un excellent salaire de leurs labeurs. Ces champs sont, en général, administrés par des associations diverses, qui s'occupent de l'entretien des chaussées des deux bras du fleuve et du repurgement des canaux de dessèchement.

La seconde zone est exclusivement consacrée aux pâturages, où dépaissent, pendant six mois de l'année, 200,000 bêtes à laine environ, et vaguent à l'aventure et en pleine liberté des groupes de chevaux et de taureaux à l'état en-

tièrement sauvage. Ces chevaux, de petite taille,
ont, la plupart, un pelage blanc ; ils se font remarquer par leurs allures fauves, brusques,
saccadées, comme le désert qu'ils habitent. Ils
rendent néanmoins des services assez précieux
à l'agriculture : on les exploite avec fruit pendant deux mois de l'année au dépiquage des
céréales ; une fois ces travaux terminés, ils
retournent aux marais, dans des espèces de
hangars, connus dans le pays sous le nom de
manades, pour y reprendre leur vie frugale et
vagabonde. Croisés avec du sang arabe, ils
produisent d'excellents chevaux de trait et de
selle, qui ne manquent pas d'une certaine élégance, et sont aussi solides et infatigables que
nos meilleurs percherons [*].

---

[*] Voir un mémoire plein d'intérêt sur l'amélioration
que l'on peut obtenir de cette race de chevaux sauva-
ges, par M. de Truchet, membre de la Société des

Quant aux taureaux, ils sont, en général, de couleur noire, d'un aspect assez peu rassurant, d'allures faciles et promptes. On les destine aux *ferrades* * et aux courses qui font la jubilation traditionnelle des habitants de la Provence et du Gard, et qui sont réputées avoir pour origine les *Hippocentaures* et les *Taurocatapsies* de la Thessalie.

Les pâturages de cette zone. d'abord herbacés, touffus, deviennent plus chétifs et plus maigres, à mesure qu'ils s'éloignent des terres labourables et se rapprochent des marais et des étangs. Dès qu'ils touchent au sol marécageux, on n'y distingue plus que des tamarins, quelques plantes salines propres, autrefois, à la fabrication de

sciences physiques, chimiques, arts agricoles et industriels de Paris.

 * On appelle *ferrade*, l'opération par laquelle le propriétaire fait marquer d'un fer rouge les taureaux qui habitent ses domaines.

la soude naturelle, avant que Chaptal et La-
voisier eussent donné l'essor à la soude arti-
ficielle. Les plus abondantes de ces plantes sont
l'ourse et l'engane; c'est dans cette contrée
marécageuse que sont établies les quatre salines dites de Badou, de Valat, de la Quarantaine
et de la Vignolle, qui, dans leur temps de prospérité, ont produit ensemble jusqu'à 600,000
quintaux métriques de sel.

Tout est contraste et surprise dans ce large
delta de la Camargue, et rappelle la même flore,
la même faune, les mêmes phénomènes que
l'Afrique, et l'Egypte surtout.

D'une part, dans la zone voisine d'Arles, qui
reçoit le bienfait de l'arrosage par submersion,
des champs plantureux, luxuriants s'offrent aux
regards, avec leurs brillantes promesses de fertilité. C'est là que l'on reconnaît le vrai sol incan-
descent du Midi, avec ses parfums exaltés,
aromatisés, fortement imprégnés de lavande et

de romarin, sa végétation robuste, ses fleurs aux corolles chaudement pourprées du plus vif incarnat. De grandes herbes, des gramens gigantesques reliés jusqu'à leur cime par des liserons volubiles, couvrent de leurs masses verdoyantes tout l'espace que leur laisse la culture et se cramponnent aux oliviers, aux mûriers avec une sorte de rage frénétique de vie. Dans la zone des étangs, de petites îles végétales forment, au milieu du Valcarès, comme des oasis où croissent tous les arbustes de l'Orient : le lentisque, le térébinthe, le genevrier de Phénicie, le pistachier, le lotus, la gentiane, les asphodèles herniaires, les genets odorants, les ajoncs épineux, le jujubier à la feuille d'un vert lustré, les tamarins chevelus d'un rose tendre, et une foule de graminées à chaumes élancés, telles que les cannes à sucre cylindriques de Ravenne, le stipe empenné et la jolie amourette qui livre si gracieusement aux brises de la mer les rameaux géminés de sa panicule. La terre y est humide, profonde, abondante en humus.

D'autre part, dans les steppes de l'intérieur et du littoral maritime, on ne rencontre plus qu'une terre aride, sablonneuse, calcinée par un soleil dévorant, diamantée par des milliers de paillettes de sel qui la recouvrent. Le sol, saturé d'efflorescences salines, ne nourrit plus que des arbustes rugueux, tourmentés, dénudés, noués comme des squelettes, des plantes dures, ligneuses, hispides, hérissées de poils rudes, douées de propriétés énergiques, de saveurs âcres et amères, comme les inulas, les armoises, les balsamites, les euphorbes. C'est là que l'eau pluviale descend, par son propre poids, dans les bas-fonds, y entraîne le sel qu'elle a dissous dans les surfaces plus élevées; que ce même sel remonte, par les effets de la capillarité, au niveau des terres et donne naissance à une sorte de moisissures déprimées connues dans la contrée sous le nom de *san-souires* * qui affligent les regards et font le désespoir des agronomes appliqués en vain à les combattre.

Dans les diverses nappes d'eau qui les avoisinent, autour du littoral de la mer de Berre, de l'étang de Scamandre, se propagent et pullulent de nombreuses familles d'oiseaux aquatiques, de macreuses, de cols-verts qui attirent, en automne, de vrais bataillons de chasseurs groupés dans des myriades de bateaux. On y remarque le superbe flammant aux ailes d'albâtre frangées de rose et de feu, dont il existe de magnifiques spécimens dans le charmant cabinet d'histoire naturelle récemment fondé à

---

* Voir, à ce sujet, une excellente étude de M. Causse vice-président du Tribunal civil de Nîmes , sur la théorie des terrains salés.

Saint-Gilles, et des touffes de plantes d'eau, des utriculaires, des villariscas, des hydrocharis, des carex, dont les capitules voloutés se balancent au dessus des nénuphars.

L'amélioration de la Camargue est, sans doute, l'un des problèmes agricoles les plus intéressants et les plus laborieux à résoudre. Elle a été l'objet, depuis un certain nombre d'années, de sérieuses études et d'une foule de projets divers auxquels ont pris part tous les ingénieurs qui se sont succédé dans l'arrondissement d'Arles.

Au nombre de ces projets figure, en première ligne et de longue date., le colmatage des marais par les eaux limoneuses de la Durance. On n'ignore point que cette opération consiste à exhausser les bas-fonds, habituellement immergés, au moyen de terres enlevées à des hauteurs et que l'on fait charrier et déposer par les eaux *;

* Voir un travail fort intéressant de M. le docteur

Les autres projets consistent et se résument à mettre l'île de la Camargue à l'abri des invasions du Rhône et de la mer: à créer trois canaux d'écoulement destinés à conduire les eaux des bassins de Rousti, de Fumemorte et de la Sigoulette dans l'étang du Valcarès, qui est devenu le grand récepteur des colatures de l'île; à irriguer et dessaler les terres du delta, au moyen des eaux douces prises sur ses bords, pour les terrains les plus bas, et amenées des parties supérieures du fleuve, à l'aide de machines élévatoires, pour les parties du sol les plus hautes; à rehausser les chaussées de la plaine, et enfin à établir trois routes agricoles, d'Arles à Saint-Gilles, aux Saintes-Maries, au salin de la Quarantaine.

Bourguet, médecin des épidémies de l'arrondissement d'Aix, sur le dessèchement des marais de Fos par le colmatage.

Le système de colmatage des marais est encore à l'étude; le rehaussement des chaussées et la construction de la digue du Rhône à la mer sont à peu près terminés.

La digue à la mer s'étend depuis le petit Rhône, à l'ouest, jusqu'au vieux Rhône, à l'est, sur une longueur de 25,553 mètres; elle se continue jusqu'au grand Rhône, par les digues de Faraman et de Paulet. Elle est percée de deux ouvertures, le pertuis de Rousty, qui se compose de onze aqueducs de 2 mètres de largeur, et le pertuis de la Comtesse, qui comprend une ouverture de 4 mètres et deux de 1 mètre 50; elle est établie sur le littoral, à la limite des étangs inférieurs de l'île.

La digue à la mer a produit ce salutaire résultat qu'en ne conservant que des ouvertures relativement restreintes, elle permet aux eaux de l'intérieur de l'île de s'écouler, lorsque la mer peut les recevoir, et s'oppose à leur entrée, lorsque la mer s'élève, par la fermeture des vannes des pertuis ; il s'ensuit qu'il faudrait des intumescences de longue durée pour remplir les étangs à leur niveau.

En outre, des rigoles d'irrigation dérivant des eaux du Rhône et connues sous le nom de roubines, des canaux d'assèchement désignés sous le nom d'égouts, des faucardements et des curages pratiqués le long de ces roubines et de ces égouts s'effectuent par onze associations territoriales instituées librement, à une époque déja reculée, et régies par un décret du 4 prairial an xii, à l'exception de celle dite du Japon, plus récemment organisée par un arrêté préfectoral du 25 juillet 1854.

Voilà quels sont les faits accomplis jusqu'à ce jour.

Quant à l'exécution des canaux de dessèchement, un décret impérial tout récent, du 6 janvier 1866, a déclaré d'utilité publique trois grands canaux de ce genre, destinés à conduire au Valcarès les écoulages de la partie supérieure du delta. Le projet est actuellement à l'étude, et il est à présumer que l'on mettra sérieusement la main à l'œuvre pendant le cours de l'année courante (1867).

Quant aux routes agricoles, il ne reste plus qu'à soulever quelques difficultés relatives aux terrains à fournir par les communes, pour les conduire à bonne fin.

Nous devons, en outre, signaler d'excellents résultats obtenus dans la Camargue à l'aide de l'arrosage par submersion et de fossés ouverts dans les terres et mis en communication avec l'eau douce.

L'eau douce de ces fossés pénètre, d'une part, dans le sous-sol et intercepte la capillarité; d'autre part, l'eau pluviale tombée à la surface étant retenue par le jet des terres ne peut ni courir ni s'éparpiller et s'infiltre forcément.

Il a été fait une très heureuse application de cette théorie, près de Saint-Gilles, dans le domaine de la Palumette, appartenant à la famille de Gasparin.

En ce qui touche à l'arrosage par submersion, il en existe un exemple très digne d'intérêt dans la commune de Bellegarde : une roubine de ceinture, puisant l'eau au canal de Beaucaire, inonde, en quelques heures, 2,000 hectares de terrains salés qui ont été transformés, sous cette influence bienfaisante, en de magnifiques et verdoyantes prairies.

Grâce à cet ensemble de travaux, à l'initiative publique et privée, la fertilisation et la mise en culture de la Camargue, qu'il n'est certes pas plus difficile, après tout, d'obtenir que celles des anciens marais de Dol, de la Sologne, des Dombes et des polders de la Hollande, sont sur le point d'entrer dans une période décisive de progrès.

En dehors de ces grandes améliorations destinées à vivifier, sous peu, l'aspect et le sol de
la Camargue, Arles a des chances bien autres
encore d'avenir dans tout un groupe de canaux, de petits ports échelonnés entre eux qui
ont été récemment exécutés, ou sont en voie
d'être établis, presque à ses portes. C'est au
moyen de ces nouvelles soudures de la voie fluviale à la voie maritime que l'ancienne métropole de Constantin pourra reconquérir le prestige de sa prospérité d'autrefois et se placer dans
des liens de plus étroite affinité avec Marseille.

Jusqu'ici, la navigation fluviale du port d'Arles
n'avait pu se marier que d'une manière impar-
faite à la navigation maritime. Les sables char-
riés par le fleuve opposent une barre invincible
à son embouchure, sans cesse renforcée par
ses crues. On a calculé que, dans ses grandes
eaux, le Rhône jette à la mer, par vingt-quatre
heures, 5 millions de mètres cubes, et au delà,

de matières terreuses. On percerait en vain cette barre, on porterait en vain l'embouchure du fleuve au delà, par un système de digues : une nouvelle barre se reconstituerait immédiatement un peu plus loin, et il en sera de même tant que le Rhône aura des crues extraordinaires, tant que ses eaux se troubleront en grossissant. C'est ce qu'exprimait Vauban, dans son langage vivement imagé, lorsqu'il disait, que *les embouchures du Rhône seraient toujours incorrigibles* *.

Aussi, dans sa profonde pénétration de ce qu'il y avait de meilleur à faire pour suppléer à cet obstacle incorrigible, le célèbre inventeur du fusil à baïonnette a, le premier, conseillé d'abandonner ces embouchures et d'aller cher-

---

* *Oisivetés de M. de Vauban, ou Ramas de mémoires de sa façon sur divers sujets*, t. 1. (Mémoire sur le canal du Languedoc. Paris, J. Corréard, édition 1843.)

cher, à trois lieues et demie de l'est, hors de la portée des alluvions que le courant du littoral de la Méditerranée entraîne en sens contraire, un débouché facile et sûr, dans le port de Bouc, au moyen d'un canal *de douze pieds de profondeur* dérivé du Rhône, en aval d'Arles ; de faire remonter jusque sous les murs de la ville des bâtiments de 400 tonneaux et de les mettre en contact immédiat avec les bateaux du Rhône et du canal du Languedoc qu'il entendait prolonger.

« Il faudrait, sans s'amuser davantage à lutter contre la nature, dit Vauban, dans son mémoire remarquable sur le canal du Languedoc, laisser ce port (Cette) comme il est, ou du moins n'y faire que de médiocres dépenses, et prolonger le canal depuis l'étang de Thau, qui a bonne profondeur, tout le long de ceux de Frontignan, Maguelonne et Mauguio, jusqu'à la radelle d'Aiguesmortes, et, de là, ou de tel endroit qui serait jugé le plus propre, conduire le canal jusqu'à l'entrée du Bourgidou, remarquant qu'il faudrait détourner les embouchures du Vistre et du Vidourle, et les éloigner de la sortie du canal le plus que l'on pourrait; continuer le canal par le Bourdigou, qui est un vieux canal ruiné, jusqu'à Sauveréal (Silvéréal), et, là, supposé que le petit Rhône se trouve bon et profond partout *de douze pieds*, dans le temps des plus basses eaux, le suivre, sinon continuer par les endroits les plus convenables, à côté, sans autrement s'en éloigner, jusqu'à ce qu'on y trouve une profondeur égale à continuer jusqu'au grand Rhône. Du grand Rhône, qui serait joint à Fourques, descendre à Arles, où, soit au dessus, soit au dessous de la ville, ouvrir le canal derechef et le conduire, par la Crau, à Phoce (Fos), le faisant passer par l'étang de ce nom, s'il est possible, observant de le tenir toujours plus élevé que faire se pourra, en

considération des acqueducs et des approfon-
dissements qui en seront beaucoup plus faciles,
notamment dans la traversée de la montagne de
Bouc, qui serait très difficile, pour ne pas dire
impossible, si l'on ne soutenait pas le fond du
canal à peu près au niveau de la superficie de la
mer, remarque qui *mérite de n'être pas négligée.*

« *Les embouchures du Rhône, pour lesquelles
on a fait tant de dépenses et qui seront toujours
incorrigibles, ne seraient plus d'aucune considération, si ce projet avait lieu.* »

En 1802, Bonaparte fit commencer le canal
d'Arles à Bouc. La construction fut conduite
lentement, interrompue en 1813 et reprise
en 1822 *.

* La première concession d'un canal du Rhône au
golfe de Fos remonte à 1663 ; elle fut faite au comte
de Saint-Aignan. (Voyez Courtin, *Travaux des ponts
et chaussées depuis* 1800.) Le premier projet remonte

Ce que le génie de Vauban, en 1694, et Napoléon Ier, en 1802, avaient conçu d'une manière si large, est aujourd'hui exécuté, mais dans des proportions bien moindres et qu'il serait désirable de voir s'agrandir et mieux correspondre aux vues de l'éminent fondateur des fortifications les plus remarquables de France.

Le canal de Bouc chemine actuellement jusqu'à douze lieues d'Arles, comme entre deux murailles et deux digues élevées pour le mettre à l'abri des inondations du Rhône, en traversant l'étang de Galejon par lequel il communique avec la Méditerranée. Il est protégé par une autre digue percée de vannes à clapet qui s'ouvrent

à 1662, époque à laquelle Colbert avait fait rendre une ordonnance royale enjoignant aux trésoriers des finances, en Provence, de donner leur avis sur la *construction d'un canal entre Tarascon et l'étang de Berre.*

pour l'écoulement des eaux des marais, quand la mer est basse, et se ferment d'elles-mêmes, quand elle monte.

On arrive ensuite à Fos, bâti sur un monticule isolé de calcaire coquillier qui domine au loin le désert aquatique qu'on appelle le Grand Marais.

Après Fos, on rencontre l'étang salé que l'on désigne en Provence, sous le nom de *l'Estouma*, ou de l'*Estomac*, du mot grec *stomalimné*, c'est-à-dire étang de la Bouche, la bouche des étangs des Romains, *Fossæ Marianæ portus;* c'est sur la colline de poudingue que borne, à l'est, l'étang de l'Estouma que le célèbre capiaine romain Marius avait établi son camp, lors de sa fameuse guerre contre les Cimbres et les Teutons. Dans cette position, il ne pouvait tirer de grands approvisionnements que de la vallée du Rhône. Suivant Plutarque et Strabon, il fit, en conséquence, dériver du fleuve un canal qui venait déboucher vis-à-vis de son camp, en arrière de Fos, au fond de l'étang de l'Estouma, pour faciliter à son armée le transport des victuailles qui lui arrivaient par la voie maritime et pour éviter l'embouchure même du fleuve dont l'entrée, remplie de vase et battue par le ressac de la mer, présentait, alors comme aujourd'hui, les mêmes difficultés insurmontables *.

* Strabon, qui vivait sous Auguste et Tibère (commencement du premier siècle de notre ère), parle du canal de Marius en ces termes :

« Marius, voyant que les bouches du Rhône étaient obstruées par le limon et que l'entrée en était devenue difficile, creusa un nouveau lit (canal) pour recevoir la plus grande partie du fleuve et le donna aux Marseillais, comme récompense de la guerre qu'ils avaient faite aux Ambrons et aux Toygènes. Marseille tira de grandes richesses de ce canal, exigeant un droit de ceux qui montaient ou de ceux qui descendaient.

» Cependant les entrées sont encore difficiles, à cause de l'affluence des eaux, de l'écoulement du limon et du peu d'élévation du sol, qui est tel que, par un temps obscur, on ne les aperçoit pas, même à une petite distance, et c'est pour cela que les Marseillais y éle-

Le canal de Bouc côtoie ensuite les riches
étangs de Rassuin, de Citis, du Pourra, d'Engrenier, de la Valduc, et vient aboutir jusqu'au
port du même nom.

La Valduc est le mieux placé et le plus
étendu de ces étangs. La salure y est sextuple
de celle de la mer. On a calculé que cette large
nappe d'eau salée renferme, sur un développement de 345 hectares, 28 millions de mètres
cubes et 430 millions de kilogrammes de sel,
c'est-à-dire, l'équivalent de deux années de la
consommation totale de la France. Des salines
et des fabriques de produits chimiques consi-

vèrent des tours pour servir de signaux, et afin de
prendre mieux possession des lieux de toutes les manières. C'est aussi pour ce motif qu'ils construisirent
un temple à Diane d'Ephèse, dans une île formée par
les bouches du fleuve. Au dessus des embouchures est
un lieu appelé *Stomalimné* (c'est-à-dire étang de la
Bouche); on y trouve des huîtres en abondance, et
il nourrit d'excellents poissons. »

dérables se sont, en outre, établies autour des étangs de Citis, de Rassuin, et ce lieu de désolation et de marécages est l'un des points de la Provence où le travail de l'homme, appliqué aux plus rudes épreuves, est devenu le plus énergique et le plus fructueux.

Le port de Bouc présente une surface de 100 hectares; sur plus de 6 hectares, le tirant d'eau est, au moins, de 6 mètres au dessus des basses mers.

Ce port a reçu, en 1865, 2,835 navires jaugeant ensemble 239,126 tonneaux. Ces navires se composent de bateaux de rivière, de radeaux, de bateaux à voile et à vapeur. Depuis cette même année 1865, un service de bateaux à hélice a été établi entre Arles et les Martigues; ce service fonctionne avec beaucoup d'activité et présente les meilleures chances d'avenir pour la navigation d'Arles à Bouc. Des travaux se poursuivent pour l'approfondissement du port de Bouc, jusqu'à la côte, de 6 mètres à l'intérieur et de 7 mètres à la passe. Un bassin de 250 mètres de longueur et de 3 mètres de tirant d'eau est sur le point d'y être creusé, pour faciliter les échanges entre les navires de mer et ceux de rivière. Le dessèchement des marais d'Arles a reçu déjà une amélioration notable, par suite de ces travaux, le canal de Bouc étant aujourd'hui le grand évacuateur de ces marais.

A 6 kilomètres du port de Bouc, se déroule, sur une étendue de dix lieues carrées et de 70 kilomètres de côtes, le magnifique bassin de la mer de Berre : il n'est séparé du port de Bouc et de la Méditerranée que par l'étang de Caronte.

S'il faut en croire la tradition, la mer de Berre était fermée, il y a 2,000 ans, à son débouché, par un barrage naturel, et son niveau était, au moins, de 2 mètres plus élevé qu'aujourd'hui. Marius fit détruire cet obstacle par ses légions, et l'abaissement des eaux mit à découvert la plaine longtemps marécageuse de Marignane (*l'étang de Marius, Marii stagnum*) et la mer de Berre. A l'entrée de cette mer, on distingue la jolie petite ville des Martigues (l'ancienne *Maritima*), qui, par ses chantiers renommés pour la construction des grands navires, atteignit, au xviie siècle, un haut degré de prospérité, sous le cardinal de Richelieu. En 1622, les habitants des Martigues avaient fait, pendant le siége de Montpellier, les approvisionnements de l'armée du roi. On les regardait alors comme les plus courageux et les meilleurs mariniers de la Méditerranée [*]. Vingt de leurs tartanes faisaient habituellement le commerce entre les côtes du Languedoc et celles d'Italie :

[*] *Procès-verbal contenant l'état véritable auquel sont de présent les affaires maritimes de la côte de Provence*, par Henri de Séguiran, délégué du cardinal de Richelieu, en 1633. (Manuscrit de la Bibliothèque impériale, n° 1337.

quatre-vingts se livraient à la pêche, non seulement dans le golfe du Lion, mais encore dans la rivière de Gênes, sur les côtes de Toscane, des Etats de l'Eglise, de Naples, d'Andalousie, et jusque dans l'Océan.

Le port des Martigues est en voie de revivre et de remonter, peu à peu, au niveau de son passé. Il présente aujourd'hui une surface de 4 hectares, avec un tirant d'eau de 3 mètres. Le mouvement de ce port a été, en 1865, de 236 navires, jaugeant ensemble 13,017 tonneaux. Les constructions navales y prennent une assez grande importance : les trois chantiers qui viennent de s'y établir fonctionnent sans interruption.

C'est à Martigues qu'a été accomplie récemment une œuvre de premier ordre qui, tour à tour, a préoccupé les plus grands chefs d'Etat et les plus hautes autorités en pareille matière, au nombre desquels on retrouve toujours le fameux Vauban *, Napoléon Ier lui-même, et, de nos jours, Napoléon III, les amiraux Baudin et

* Il est curieux de voir encore ici Vauban prédire, en quelque sorte, les précieux avantages réservés dans l'avenir à l'amélioration de la Camargue et à l'ouverture du Rhône, de la mer de Berre, du canal des Martigues, de Bouc et du Midi à la grande navigation :

« Toutes les provinces voisines ou traversées du Rhône et de ses rivières, dit-il, pouvant commercer avec toutes celles de la Garonne, de la Loire et des rivières et des canaux qui s'y rendent, il s'y pourra établir des correspondances dans toutes les villes à portée du canal, même entre les plus éloignées, pour le commerce du dedans du royaume, lequel se pourrait étendre dans une infinité de petites villes et bourgs et villages qui y trouveraient un profit considérable par la vente ou l'échange des denrées qui abondent dans un pays et manquent dans un autre. Il en résulterait une amélioration des mauvaises terres, dont les unes seraient bonnes à une chose, les autres à une autre, si elles étaient bien cultivées, recherchées et employées à ce qui leur serait propre.

» Combien y a-t-il de gros bestiaux en *Languedoc*, *Provence* et beaucoup d'autres provinces où il en manque, si l'on facilitait l'arrosement de tant de terres sèches et arides qui font partie de ce pays et qui ne produisent presque rien, dont on pourrait cependant

Bruat : je veux parler du canal maritime de Bouc
à Martigues qui traverse l'étang de Caronte.

faire de bonnes prairies? Il y a , dans le Languedoc
seul, plus de 160,000 arpents de marais, dont les Hollandais feraient le meilleur pays du monde , qui ne produisent que des roseaux et des mouches bovines. Il
n'y a point d'embouchures de rivière dans la mer où
il n'y ait beaucoup de terre à gagner à qui en voudrait
faire la dépense... Le commerce du Levant au Ponant
demeurera tel qu'il est à l'égard des Italiens et des
Espagnols ; *mais il ne tiendrait qu'à nous d'anéantir
ou du moins de faire diminuer celui que les Anglais,
Hollandais et autres nations du Nord y font*, et il
est évident que, pour peu d'application qu'on voulût se
donner sur cela, *tout l'avantage qu'ils en retirent pas-
serait chez nous, parce que le transport des marchandises se ferait plus promptement et avec bien moins
de frais* et plus de sûreté.

» La marine de Marseille et de Toulon , ci-devant
très incommodée par l'attente des marchandises cau-
sée par le défaut des embouchures du Rhône , ne le
serait plus ; au contraire, il ne tiendra qu'à elle d'en
tirer de très notables avantages. »

Vauban énumère ensuite les produits qui pourraient
être dirigés avec facilité et économie vers ces ports, à
l'aide du canal du bas Rhône : « Les bois de chêne ,
les sapins, les fers fondus et forgés en barres carrées

Ce canal, d'une longueur de 5,580 mètres,
d'une largeur de 15 mètres au plafond, de 27
mètres à la ligne d'eau et de 3 mètres de profondeur à la basse mer, est aujourd'hui en pleine
activité, comme le canal de Bouc. Il a été ouvert
au commerce depuis l'année 1862 ; en 1865, il
a présenté un mouvement de 687 navires, jaugeant 41,912 tonneaux.

Une décision ministérielle du 25 juillet 1865
a approuvé l'approfondissement de ce canal,
jusqu'à la côte, de 6 mètres au dessous des
basses mers. Au moyen de ce tirant d'eau ainsi
accru, toute une flotte marchande et une partie

de toutes grosseurs et en barres plates, verges et tôles, etc., etc., l'acier, les armes, les chanvres, quantité de légumes et de quoi faire beaucoup de salaisons. »
Passant ensuite aux avantages qu'en tirerait la marine militaire : « Le canal, dit-il, sera de plus très
commode pour faire passer toutes les munitions de
guerre, de bouche et agrès dont on aura besoin. »

de notre flotte militaire pourront évoluer et pénétrer , sans encombre, dans la mer de Berre.

Rien dans les travaux actuels, qui sont en voie
de régénérer les ports annexes d'Arles et de
Marseille ; ne peut se comparer à cette entreprise, comme importance et comme avenir *.

Elle aura pour résultat d'ouvrir définitive-
ment cette mer de Berre , qui est restée si longtemps une force morte , non seulement à la
marine marchande , mais encore aux vaisseaux

---

* Les documents attestent que les navires grecs fré-
quentaient encore, en assez grand nombre, le port
d'Arles, au Xe siècle. On entrait même facilement dans
le fleuve, au XIIe, soit par les Fosses de Marius, soit
par le grand Rhône, puisqu'une flotte génoise de
cinquante bâtiments battit les galères pisanes qui, il
est vrai, l'avaient remonté jusqu'au dessus d'Arles ;
mais il est probable que le tirant d'eau de ces embar-
cations n'avait qu'une très faible importance. (*Mémoire
sur les moyens de vaincre les obstacles de la navigation à l'embouchure du Rhône*, par M. de Lalauzière ,
p. 16. Marseille , 1786.)

de ligne, et de devenir un établissement militaire de premier ordre, en mesure de rivaliser avec celui de Toulon.

On aura ainsi la facilité d'équiper, d'instruire et de faire mouvoir une escadre complète dans une mer intérieure de 16,000 hectares ; de s'y ménager, en temps de guerre, un refuge invincible contre toute attaque ennemie, en temps de paix, un mouillage d'une sûreté parfaite contre les tempêtes et les fortunes de mer.

Au point de vue industriel et commercial, la mer de Berre a déjà acquis une valeur réelle par l'approfondissement du canal de Bouc à Martigues.

De nouvelles salines, des minoteries, des huileries, des fonderies, des moulins à craie, des fabriques de soude, de produits chimiques, de poterie, de papier, des ateliers d'alésage, des fours à chaux, etc., etc., se sont multipliés, depuis peu, autour de ce riche périmètre.

Ces différentes usines emploient aujourd'hui, dans leur ensemble, en machines à vapeur ou chutes d'eau, une force de plus de 800 chevaux, et le mouvement de navigation des six petits ports qui les desservent, les Martigues, Berre, le Ranquet, Saint-Chamas, la Tête-Noire et le Lion, est de 80,000 tonneaux, à l'entrée, et de 100,000, à la sortie.

Onze communes, fécondes en agriculture, en industrie, en commerce, dont la population s'élève à plus de 25,000 habitants, entourent la mer de Berre. De belles routes se dirigent vers ce bassin ; le chemin de fer de la Méditerranée en suit le littoral, sur une longueur de 30 kilomètres, et le met en communication rapide avec toute la France.

Cette mer est entourée, au nord, à l'est et au sud, par une fraîche et riante ceinture de vergers d'amandiers, dont les fleurs suaves se frangent, au printemps, de rose tendre et du plus vif incarnat, parmi lesquels se distinguent ceux de la Fare, de Coudoux, et par d'attrayants coteaux festonnés de vignes, d'oliviers et d'arbres fruitiers.

L'étang de Berre est désormais relié à Marseille par les raides et longues rampes de l'Estaque, que la voie ferrée franchit aujourd'hui en un clin d'œil, sur un même niveau.

Une carte de cet étang et de ses alentours a été publiée, en 1843, par MM. de Gabriac, ingénieur des ponts et chaussées, et Robert, capitaine du bateau à vapeur l'*Entreprise*. Au mois d'octobre 1844, M. le baron de Mackau a ordonné le lever d'une carte hydrographique de ce même étang. Ce beau travail est terminé et publié *.

---

* M. Alphonse Peyret-Lallier a publié deux mémoires fort intéressants sur l'avenir de la mer de Berre, du port de Bouc, l'un intitulé : *Etudes sur le port d'Arles et sur la navigation du Rhône à Lyon et à la mer* (1844) ; l'autre : *Sur les chemins de fer et les bateaux*

Indépendamment de ces nouvelles voies maritimes, un décret du 9 mars 1863 a approuvé l'exécution d'un canal latéral qui, partant de la tour Saint-Louis, doit aboutir à l'anse du Repos, dans le golfe de Fos. Ce canal, d'une longueur d'environ 4 kilomètres, devra avoir 30 mètres de largeur au plafond et un tirant d'eau de 6 mètres. Une écluse en rivière le mettra, d'une part, en communication avec le Rhône, pris à 8 kilomètres environ au dessus de sa barre, et, d'autre part, avec la Méditerranée, par le port qui sera créé dans l'anse du Repos. Le point de départ est situé à 40 kilomètres au dessous d'Arles. De là, le canal Saint-Louis se dirige, en ligne droite, de l'ouest à l'est, sur le golfe de Fos, et

à vapeur du Rhône, sur l'avenir commercial du port d'Arles et de l'étang de Berre, au moyen des relations à établir entre ces ports du Rhône par les canaux maritimes du Rhône à Bouc et des Martigues[1].

vient se relier à la partie occidentale de ce golfe, en face du port de Bouc *.

Les travaux d'utilité publique ont été commencés dès l'année de la promulgation du décret, continués depuis, et seront achevés dans un temps assez prochain. 650,000 fr. y ont été employés en 1866, et une somme égale, au moins, sera dépensée en 1867. L'Etat a traité avec un nouvel entrepreneur, M. Reynaud, qui pourra finir en deux campagnes le creusement du canal et la construction de la jetée.

Cette nouvelle entreprise, qui rappelle les travaux effectués dans l'antiquité à Peluse,

---

* Le décret du 10 mai 1863 porte : « Article 1er. Il sera procédé par l'Etat à l'exécution du canal de la tour Saint-Louis à l'anse du Repos, dans le golfe de Fos. — Article 2. Les travaux mentionnés dans l'article 1er sont déclarés d'utilité publique. — Article 3. La dépense desdits travaux, évaluée à 8 millions, sera imputée sur la section 6 du budget extraordinaire du ministère de l'agriculture, du commerce et des travaux pnblics. » (CHAP. IX. *Amélioration des rivières*.)

Ostie, Fréjus, aura pour effet de corriger, en partie, les vices des embouchures du fleuve qui faisaient le désespoir de Vauban. Le Rhône maritime, qui restait innavigable à cause des bancs de sable qui en obstruaient le cours en amont de la tour Saint-Louis, grâce au canal latéral de ce nom, deviendra bientôt accessible aux bateaux à vapeur et aux navires à voiles. La batellerie pourra désormais franchir la passe et arriver, sans danger, jusqu'à Arles. Une profondeur d'eau minimum de 2 mètres lui sera assurée par l'amélioration des quatre passages de la Cape, de Beaujeu, de la Commanderie et des Guinchets.

De nombreux moyens de communication viendront aboutir à ce canal. Sans parler de la mer et du fleuve, cinq chemins de fer et trois canaux * complèteront le réseau et rayonneront

* Ces cinq chemins de fer sont : 1° de la tour Saint-Louis (c'est-à-dire du port qui va [être construit à la

au Nord, à l'Est et à l'Ouest. Les bois de la
Franche-Comté, de la Souabe et du Nord ; les
pierres à bâtir d'Arles et de Beaucaire ; les sels
et les produits chimiques du littoral, la chaux
de Theil, les sables vitrifiables et les verreries
du Rhône; les vins des côtes du Rhône, de la
Bourgogne et de la Champagne ; les gros vins
de la Provence, ceux de Fos: les céréales du

jonction du canal et du fleuve) à Marseille, sur l'Italie,
par Bouc et Martigues ; 2º sur Arles (Lyon, Dijon,
Paris, la Suisse et l'Allemagne) ; 3º sur le Centre, par
Saint-Gilles, Nimes, Alais et les mines de houille de la
Grand'Combe, Brioude, l'Auvergne, le Bourbonnais, la
Loire, Paris et le Nord ; 4º sur le Languedoc, par
Aiguesmortes, Montpellier et les mines de houille de
Graissessac ; 5º sur l'Ouest, par Cette, Toulouse, Bordeaux, Bayonne et l'Espagne.— Les trois *canaux* sont :
1º le Rhône, le petit Rhône, le Bourgidou, le canal des
Etangs et le canal du Midi, Toulouse et Bordeaux ;
2º le canal traversant la Camargue et allant rejoindre,
à Saint-Gilles, le canal de Beaucaire ; 3º le canal se
dirigeant vers Bouc et l'étang de Berre, et se raccor-
dant avec le canal actuel d'Arles à Bouc.

Levant et de l'Algérie, seront en mesure d'y
affluer à de meilleures conditions de bon marché [2].

En ce qui concerne la métropole du Midi,
cette nouvelle voie maritime et fluviale est destinée à la mettre en contact direct avec le
Rhône, la Saône, la Loire, par le canal du
Rhône au Rhin, avec la Seine, par le canal de
Bourgogne. Elle sera ainsi en mesure de
reprendre le commerce de transit qu'elle entretenait autrefois avec la Belgique, l'Allemagne
centrale et la Suisse, et de réaliser une économie
considérable sur le transport des houilles
françaises nécessaires à sa consommation et
dont nous signalerons plus bas le chiffre toujours croissant.

De son côté, Arles sera appelée sous peu à
communiquer avec la mer par quatre voies, le
canal et le port de Bouc, le canal et le port
des Martigues, la mer de Berre, le canal Saint-

Louis et le port de Fos. Ainsi reliée à la Méditerranée, la cité de Constantin ne peut manquer de devenir le centre d'un mouvement très actif de navigation, vivifié par tous les produits, les besoins de la vallée du Rhône et du littoral de la mer de Berre. L'agriculture, l'industrie y concourront autant que la marine-marchande, et la nécessité d'alimenter les populations qui se pressent autour de son territoire forcera le vaste désert qui l'entoure à se transformer, sous l'action bienfaisante du Rhône et de la Durance, en campagnes de la plus abondante fécondité *.

* La Camargue est entièrement formée des apports du Rhône, qui forment une excellente terre et rappellent le sol de la vallée du Nil. On y trouve de l'argile et du sable fluvial, très peu de sable maritime, et seulement sur la côte ; il s'en rencontre cependant encore à une certaine profondeur, car la mer en jette sur le littoral par les gros vents, et les couches alluviales se sont étendues sur un fond marin. La fertilité est

Après Arles, le chemin de fer de la Méditerranée traverse la plaine célèbre de Saint-Martin
de Crau, ces steppes de la Provence.

Lorsque les grands courants descendus des
Alpines ont creusé la vallée de la Durance, une
immense coulée de cailloux roulés s'est précipi-
tée, par la coupure de Lamanon qui sépare la
chaine des Alpines de la grande formation
calcaire, dans l'angle à peu près droit, alors
occupé par la mer, que ces montagnes décri-
vent entre elles.

Ce dépôt pierreux, dont l'épaisseur parait
être de 60 à 80 mètres, constitue la vaste plaine
de la Crau, les *Champs lygiens* des Grecs, le
Campus lapideus des Romains, où se reprodui-

donc en raison de l'importance des dépôts du fleuve,
et la stérilité en raison de la prédominance du sable
de la mer. (*Etudes sur la Camargue*, par M. l'ingénieur Poulle.)

sent de nouveau les souvenirs de Marius, qui a laissé en Provence tant de vives empreintes de ses glorieux trophées. On y remarque des débris fort curieux de la voie Aurélienne et d'un aqueduc romain qui s'étendait d'Arles à Saint-Redon, jusqu'aux ruines du château de Romanil, si célèbre par les cours d'amour qu'y tenait la chevalerie, au moyen âge.

Aristote estime que les galets de quartz que la Crau renferme ont été rejetés par une fente éruptive, pendant un tremblement de terre; Posidonius les attribue à l'action des vagues d'une mer intérieure; Eschyle, dans son *Prométhée*, à une chute fabuleuse d'aérolithes. Le savant Lamanon a essayé, à son tour, d'en déterminer l'origine.

Nous n'hésitons pas à donner la préférence à la version de M. Baude, qui a si bien décrit les côtes de Provence.

Suivant lui, la Durance a d'abord frayé son

chemin, droit au Sud, par la coupure de
Lamanon ; elle tombait autrefois dans une baie
ouverte au nord du golfe de Fos, le long du
gisement des étangs de l'Olivier, de la Valduc,
d'Engrenier, et trouvait, à 30 kilomètres environ du point de départ, le niveau de la mer auquel ses eaux arrivent aujourd'hui par un détour quatre fois plus long.

Dans les grandes crues de la Durance, une
masse énorme de 6,000 mètres cubes d'eau
descendait, par seconde, d'une hauteur de
140 mètres sur ce court espace. Ces cataractes
remuaient profondément ce terrain de cailloux,
en général quartzeux, quelquefois varioliti-
ques ou schisteux, en entraînaient les couches
supérieures et les jetaient en vastes bancs sur
le plan incliné au bas duquel leur impétuosité
s'amortissait dans les flots de la mer. Un jour
est enfin venu où les obstacles que ces eaux
accumulaient devant elles les ont fait refluer

le long du pied méridional des Alpines ; elles
ont alors creusé le vallon des marais des Baux ,
et , arrêtées par le plateau calcaire sur lequel est
posée Arles , elles se sont infléchies au Sud-Est
et sont arrivées à la mer par le lit des étangs
de Ligagneau et de Galejon , laissant pour trace
de leur passage les vastes marais qui subsis-
tent encore. Enfin , l'étroite tranchée de Lamanon s'est emcombrée, et la Durance a été repous-
sée au nord des Alpines ; mais , avant de s'é-
tablir dans son lit actuel , elle a fait invasion ,
par Orgon et les palus de Molèges , puis par
Château-Renard , Saint-Gabriel et Eyragues,
joignant ainsi le Rhône , à peu de distance , en
amont d'Arles.

La Crau s'étend, au nord, jusqu'aux limites
de Mouriès et de Maussanne ; au midi, jusqu'à
Fos ; au levant, jusqu'aux terroirs de Salon et
d'Istres; au couchant, jusqu'aux canaux de dessèchement qui la séparent du plan du Bourg.

Elle offre parfois, comme en Egypte, de merveilleux phénomènes de mirage, si bien décrits par Monge et Wollaston.

On sait que ces phénomènes sont dus à l'excessive chaleur que les plaines sablonneuses ou pierreuses, comme la Crau, reçoivent du soleil, vers le milieu du jour. Cette chaleur dilate l'air, qui rase le sol de manière à établir entre cette couche basse et la couche qui lui est superposée une différence sensible de densité. Alors, les rayons venus du ciel, après avoir traversé la seconde couche, sont réfléchis à son contact avec la première, se redressent et présentent une image du ciel à laquelle il est facile de se tromper, en la prenant pour la surface bleuâtre d'une grande pièce d'eau. D'autre part, si des objets un peu élevés, tels que des coteaux, des arbres ou des édifices viennent à envoyer en même temps des rayons directs dans la seconde couche d'air et des rayons réfléchis, au point de jonction entre les deux, alors leur image renversée se peint au dessous.

C'est entre le Valcarès et le village des Saintes-Maries que se produit d'ordinaire la féerie la plus remarquable du mirage.

C'est là, près des ruines désolées de la demeure féodale des anciens preux des Baux, si bien décrites, en poète, par M. Jules Canonge, dans l'un des replis les plus ombreux et les plus frais de cette plaine où s'exhalent les plus vives senteurs de serpolet et de romarin, qu'un véritable enfant d'Athènes, M. Mistral, qui s'est fait une si large place dans la langue imagée du *gay sçavoir*, a ciselé avec amour son suave poème de *Mireille*, assorti sa gerbe des plus blonds épis, des plus exquises fleurs des champs, soupiré, à la manière de Théocrite, de Longus et d'André Chénier, ses cantilènes les plus mélodieuses des *Magnarelles* et du *Magali*.

Il y a plusieurs épisodes de ce poème qui remontent plus haut encore, et rappellent la ravissante simplicité d'Homère, relevée par un accent de mélancolie inconnue aux poètes de l'antiquité, qui ne le cède en rien, pour la fraîcheur et la grâce de l'émotion, à ce que notre lyre moderne a modulé de plus doux et de plus éthéré.

Ce vaste champ de pierres se subdivise en Crau coustière, Crau arrosable, Crau haute et Crau coussoul.

La Crau coustière, d'une contenance de 3,200 hectares, fait partie du territoire d'Arles, et se prolonge, depuis Arles jusqu'à la Croix-Saint-Hippolyte. Elle ne se compose que d'une lisière de terre très longue et fort étroite qui côtoie les canaux de dessèchement, et dont un tiers seulement est fertile en fourrages ; le reste n'est occupé aujourd'hui que par des marais. Quelques petits domaines, entourés de jardins et d'oliviers, rompent à peine la monotonie de

cette section. A l'extrémité de sa partie orientale, se trouve le vaste étang de la Meyranne, qui
sert de bassin à la contrée et dont les eaux renferment quelques espèces de poissons recherchées par les classes indigentes.

La Crau arrosable forme la partie la plus pro-
ductive de cette plaine. Le terrain de poudingue
de la Crau une fois formé, les dépôts limoneux
du Rhône l'ont chaussé et étendu au dessous
une couche de sable gras, toujours humide et
souvent submergée. Dans son état naturel, la
partie la plus élevée de ce terrain est vouée à
une stérilité complète, à cause de la nudité des
cailloux qui la composent, et la richesse du sol
de la partie basse est étouffée sous les eaux : ce
qui manque à l'une est précisément ce que
l'autre a de trop.

Le premier qui conçut le dessein de tirer
partie de cette disposition particulière des lieux
est Adam de Craponne, le plus habile ingénieur

de son époque : il amena, dans la tranchée de Lamanon, une dérivation de la Durance et la dirigea sur Arles, au travers de la Crau.

Le canal de Craponne a 68 kilomètres de longueur et 137 mètres de pente ; l'une de ses artères circule de Lamanon à la riante et fraîche ville de Salon , résidence habituelle des deux Nostradamus, l'astrologue et l'historien de la Provence ; patrie d'une branche des Suffren, de Miollis, du poëte Esmenard, l'auteur de la navigation ; de Lamanon *, l'illustre compagnon d'infortune de La Pérouse, dans son voyage de l'*Astrolabe* autour du monde ; du généalogiste d'Hozier et du botaniste Aublet. Ce canal arrose 13,500 hectares de terres, dont il décuple la

---

* C'est à Lamanon que revient l'honneur d'avoir, le premier, comparé, dans l'expédition de La Pérouse, en 1785, l'intensité du magnétisme terrestre sous des zones différentes. (*Cosmos*, par M. de Humbold, t. II, p. 402.)

valeur, et fournit des forces motrices à trente-
trois usines. Cette grande entreprise , commen-
cée au xvie siècle , en 1554 , a été terminée en
1559 , et, quelques années plus tard , l'homme
de génie qui l'avait exécutée mourait, à peine
âgé de quarante ans , dans un hôpital de
Nantes.

En 1773, une nouvelle dérivation fut tirée de
la Durance, sous le nom de canal des Alpines.
Elle se divise, comme la première, en deux
branches, dont l'une côtoie la route de Marseille
à Paris, et arrose, au nord des Alpines, le territoire d'Orgon, de Sénas, de Château-Renard ;
l'autre passe à Lamanon, et se bifurque plus bas
pour envoyer ses eaux à l'orient, vers le Rhône,
et au sud, vers Istres. Deux autres rameaux, récemment dérivés de la branche septentrionale
de ce canal, celui de Mallemort et de Roguonas,
sont entièrement achevés sur tout leur parcours.

C'est à bon droit qu'on a appelé le château

de Lamanon, le château d'eau de la Provence. Situé près de Salon, il forme comme une sorte d'oasis noyée dans de magnifiques ombrages et de délicieuses prairies. Il est placé à 107 mètres au dessus du niveau de la mer, au sommet de l'angle dans lequel 40,000 hectares de cailloux roulés s'encaissent, entre les soulèvements calcaires de son bassin, qui renferme les eaux les plus abondantes de la contrée. On peut, à volonté, les distribuer sur toute cette étendue ; mais, sur la plus grande partie, on n'arroserait que des pierres, et, pour y cultiver, il faut commencer par former un sol labou- • rable. C'est à quoi les eaux limoneuses de la Durance sont merveilleusement propres. A mesure qu'elles se dirigent vers la Crau, les cailloux disparaissent sous une couche de terre végétale que ces eaux apportent, et bientôt une attrayante verdure se dessine sous le galet aride.

A l'aide des deux canaux de Craponne et des Alpines, la Crau arrosable [5] a été transformée en un immense jardin , d'une contenance de 6,000 hectares environ; des prairies artificielles, bordées d'oliviers et de mûriers , en décuplent la valeur et réunissent sur cette partie privilégiée du territoire d'Arles, à un profit très réel, tous les agréments d'une intéressante culture *.

Cette zone s'étend, depuis la Coustière, au levant, jusqu'au chemin de Mouriès, au couchant, et jusqu'à la Lieutenante, au nord ; elle affecte la forme d'un triangle à peu près équilatéral, dont le sommet s'appuie au Pont-de-Chamet.

* M. Daniel , de Marseille, possède un ravissant et fertile domaine, qui forme comme une vraie oasis dans cette partie de la Crau, arrosé par le canal de Craponne, le long de l'étang *Dezeaumes*, autrement dit des *Ormeaux*, où l'on distingue encore des vestiges des Fosses de Marius, orné de charmantes et fraîches prairies , complanté en vignes, en platanes et figuiers de magnifique venue.

La Crau haute, d'une contenance de 5,128 hectares, n'est couverte que d'oliviers entre-coupés de vignes et de vergers d'amandiers. Elle se développe entre les limites de la contrée arrosable, au levant, et les bassins du Trébon, au couchant, jusqu'au chemin Poissonnier, par le mas de Payan.

Par un effet assez bizarre, dans ce quartier privé de la vie que donnent les irrigations, on récolte une huile exquise qui le dispute pour la saveur à l'huile si renommée d'Aix; les oliviers ont été pourtant remplacés sur quelques points par des vignobles dont les produits ajoutent, chaque jour, à la réputation d'un vin qu'une fabrication mieux entendue placerait à l'égal des meilleurs crûs de France.

La Crau coussoul est une vaste plaine, uniforme, âpre, nue, sans bâtiments, sans arbres, où l'œil ne distingue plus que galets et un horizon sans bornes. Quelques chétives cabanes construites en roseaux, quelques pans de murailles ébauchés à l'aide des pierres qui abondent, quelques bouquets de chênes à kermès et d'aubépine sont les seuls objets qui interrompent, çà et là, l'aridité de cette zone dont la physionomie rappelle les vieux fonds de mer mis à sec par les révolutions du globe.

C'est dans ce champ de cailloux, heurté, tourmenté et si nu en apparence, que de vraies caravanes de bergers, escortées d'immenses troupeaux de mulets, à grelots, de superbes chiens de Terre-Neuve, descendent gaiement, avec leur famille et tout l'attirail de leurs bagages rustiques, des Apennins, du Piémont, et viennent, de tous les points les plus reculés de la Provence, se réunir, camper en plein soleil et prendre leurs quartiers d'hiver sous des espèces de châlets jetés, comme des tentes, dans cet immense désert que l'on désigne vulgairement dans le pays sous le nom de *Coussouls*.

Sous ce sol pierreux et limoneux, qui semble n'offrir qu'une nature morte, sans aucun indice de végétation, perce une herbe fine et succulente, un gramen apéritif et savoureux qui forme un excellent pâturage fort estimé des bergers qni s'y connaissent.

La contenance de cette zone n'est pas moindre de 21,000 hectares. C'est la plus orientale des quatre subdivisions de la Crau ; elle sert de limite au territoire d'Arles, du côté des communes de Mouriès, Eyguières, Salon, Grans, Istres et Fos, à partir de la Lieutenante et de Vergières.

Dans cette partie de la Crau, il a été établi un nouveau canal d'irrigation destiné à régénérer ce sol ingrat. Ce canal, dit de Langlade, est également dérivé de la Durance, cette nayade intarissable, source de toute fertilité et de toute salubrité dans la Provence.

En outre, des travaux considérables de défri-

chement s'opèrent aujourd'hui dans la Crau et
produisent d'excellents résultats. Un agronome
distingué a récemment obtenu une médaille
d'or, au dernier concours régional de Marseille,
pour avoir placé sa charmante propriété du
Merle dans les meilleures conditions de culture *.

Dans la Crau centrale et le grand plan du
Bourg, une transformation est sur le point de
s'accomplir; au lieu d'un émissaire commun,
chacune de ces zones aura ses moyens particu-
liers d'irrigation : la Crau centrale, par les eaux
de la Durance; le grand plan du Bourg, par le
Rhône, à l'aide de machines élévatoires.

Pour se faire une idée de ce qu'un régime
d'eau bien entendu est susceptible de répandre
de richesse dans cette Provence, qui passait,
naguère encore, auprès des malins, pour un

* M. Abram aîné.

jardin d'opéra comique, où tous les produits venaient, mais par le roulage, il suffit d'énoncer que 86,000 hectares de terres, c'est-à-dire le quart de la surface cultivée des Bouches-du-Rhône, sont en voie d'être entièrement transformés par le levier énergique des irrigations. La plus-value qui doit s'ensuivre est évaluée à 81 millions, c'est-à-dire à six fois le capital engagé. Les revenus actuels des propriétaires seront bientôt accrus de 4 millions.

A part les canaux d'irrigation et leurs annexes, qui se propagent à l'infini depuis quelques années dans la Crau et la Camargue, dix entreprises sont actuellement en cours d'exécution pour l'endiguement de la Durance, dont trois dans l'arrondissement d'Aix et sept dans l'arrondissement d'Arles.

En outre, le dessèchement de la vallée des Baux, des marais du Pourra, de Fos, de Cujes, de l'Anguillon, s'effectue sur une large échelle.

Marseille sera donc ainsi bientôt en voie de
rayonner, à l'intérieur de son littoral , sur tout
un groupe de petits ports, qui forment autant
de joyaux de sa couronne, où elle pourra dé-
verser son trop plein , entretenir un commerce
utile d'échanges et de transit , par la soudure
de la navigation maritime à la navigation fluviale du Rhône, de la Saône , de la Seine , du
Rhin ; de posséder, presque à ses portes, un
immense grenier de céréales propres à défrayer
ses nombreuses minoteries ; une ferme à pâturage , aussi fertile que la Beauce , pour l'élevage
et l'engraissement du bétail ; un haras susceptible de perfectionner d'excellentes montures
de selle et de chevaux de trait ; des vins exquis
et des fruits de tout genre pour faire face à ses
besoins de consommation , qui vont toujours
croissant.

Enfin, comme couronnement de cet ensemble de travaux destinés à régénérer ces contrées

méridionales qui forment aujourd'hui la banlieue de Marseille, le canal de Provence, ouvert en 1846, tient les promesses qu'on avait fondées sur son avenir.

Ce canal est encore, comme celui de Craponne et des Alpines, une dérivation de la Durance; son parcours, depuis la prise jusqu'à son entrée dans le vallon de Saint-Antoine, près Marseille, est de 82,654 mètres, dont 67,000 mètres à ciel ouvert, et 16,686 mètres en galeries ou souterrains, dont le nombre n'est pas moindre de quarante-trois.

Avant de pénétrer à Marseille, ce canal traverse treize communes : Le Puy-Sainte-Réparade, Saint-Estève, Rognac, La Roque-d'Antheron, Charleval, Vernègues, Lambesc, La Barben, Lançon, Ventabren, Aix, Cabrières et Les Pennes.

Le nombre des ouvrages d'art de la ligne principale, entre la prise et le territoire de

Marseille, est de deux cent dix-sept, dont cent six aqueducs et cent onze ponts de grande communication.

Le plus remarquable de ces aqueducs est, sans contredit, celui de Roquefavour, gigantesque monument, qui rivalise avec ce que l'antiquité romaine nous a légué de plus magnifique dans ce genre de travaux, le pont du Gard, entre autres.

Exhaussé sur une triple rangée d'arches de 375 mètres d'une culée à l'autre, à une hauteur de 82 mètres, presque égale à celle du dôme de Saint-Pierre et de la flèche de la cathédrale de Strasbourg, l'aqueduc de Roquefavour relie entre eux d'immenses coteaux à pic séparés par la vallée qui porte son nom et qu'il a fallu franchir pour maintenir le canal à son niveau.

Je dois dire néanmoins, après un nouvel examen comparatif, que, au point de vue artistique, l'aqueduc de Roquefavour m'a paru bien inférieur au pont du Gard.

La lumière et l'air circulent dans les arches de ce dernier pont avec une telle entente de la perspective que l'on dirait qu'il a poussé, comme par un jet vigoureux et spontané de végétation naturelle, au milieu du paysage ravissant qui l'avoisine.

La largeur et le cintre de ses arches sont si bien arrondis et ménagés et fuient si bien au loin qu'il faut se placer au dessous, pour se rendre compte de leurs immenses dimensions.

De tous les monuments de l'antiquité, cet aqueduc est le seul, pour ma part, même après les magnificences des ruines de Rome, qui m'ait fait comprendre ce que les Romains étaient susceptibles d'allier de goût exquis à la hardiesse de leurs conceptions.

L'aqueduc de Roquefevour, au contraire,

produit, de premier abord, l'effet d'une charpente osseuse et décharnée ; ses arches , d'un
ovale très allongé et maigre, lui donnent les
allures d'un géant, de croissance trop hâtive ,
monté sur des échasses.

Il est vrai que , à la hauteur prodigieuse où
il a été porté, il était difficile de ménager la
perspective, comme dans le monument romain :
il est possible même que, pour atteindre à cette
hauteur, il y ait eu des difficultés de premier
ordre vaincues par la science du calcul moderne.
Il est également vrai que le temps, qui ôte une
pierre et met un nid, comme dit avec tant de
grâce le poëte, n'y a pas encore apposé
le charme de son empreinte; mais, tel qu'il est,
je le regarde comme bien au dessous de son
aîné. Les arètes , les muscles et les nerfs de ses
arceaux y sont trop vivement articulés ; on y
sent trop la main rude du charpentier, pas assez
le souffle inspiré de l'architecte.

Après Roquefavour, on distingue les souterrains des Taillades, de Notre-Dame, de l'Assas-
sin. Celui des Taillades se développe sur une
longueur qui n'est pas moindre de 3,665 mètres.
Un autre pont, de 26 mètres de hauteur sur 170
d'étendue, enjambe la vallée de la Touloubre, à
la manière des aqueducs géants des Romains,
dont il existe surtout de superbes débris dans
la commune de Vennelles, près d'Aix, en Provence; à Oullins, près de Lyon.

A son entrée sur le territoire de Marseille, le
canal de Provence se divise en cinq dérivations
principales : celles de Séon-Saint-Henri, de
Saint-Louis, de Longchamp, de Saint-Barnabé
et des Camoens, outre la branche-mère qui
forme une ceinture autour de Château-Gombert,
du plan de Cuques, de la Valentine, de Saint-
Marcel, de Saint-Loup, de Mazargues, et vient
aboutir à Montredon.

La ligne entière du canal avec ses dérivations

présente une étendue de plus de 156,000 mètres
(39 lieues). On y compte soixante-dix-huit
souterrains et cinq cents ouvrages d'art environ.

Deux canaux secondaires, soudés au grand
canal, ont été concédés, en outre, à la ville de
Marseille, par un décret récent du 25 mai 1864,
au moyen de 1 mètre cube d'eau par seconde, à
dériver de la Durance, pour arroser : l'un, le
territoire des attrayantes petites villes d'Aubagne et de Gémenos ; l'autre, les communes de
la basse vallée de l'Arc.

La masse d'eau que le canal de Provence
verse actuellement sur le sol de la métropole
du Midi, représente une force de 6,000 chevaux, ressource inappréciable pour l'industrie.

Grâce à la puissance de ce nouvel agent de
force motrice et de fécondité, l'ancienne ville
des Phocéens, que Strabon regardait comme
appropriée seulement à la culture de la vigne

et de l'olivier , par suite de l'âpreté de son territoire, est à la veille de devenir, ainsi que nous
l'avons indiqué plus haut , une ville agricole
de premier ordre. Le sol , naguère encore si
crayeux de Marseille , dévoré et calciné par
la poussière et le soleil , se décore aujourd'hui
de beaux ombrages, de prairies naturelles et
artificielles qui se montraient à peine , il y a
vingt années, sur les bords de l'Huveaune et
de Jarret.

La branche-mère du canal longe le délicieux
vallon des Aygalades et vient encore ajouter de
nouveaux charmes de fraîcheur à la villa de
Castellanne , et à celle de Fontainieu surtout ,
illustrée par des vers délicieux de Méry et
Barthélemy.

A l'aide de ce canal, quatre cents fontaines
publiques, dont trente-sept monumentales ;
deux milles bouches d'arrosage ont pu être
inaugurées dans l'intérieur de la cité et lui

apporter de précieux éléments de salubrité et d'aération.

On arrive ainsi jusqu'à la métropole de la Méditerranée, par le tunnel de la Nerthe, et par le joli village tout neuf de L'Estaque, qui s'étend au bord de la mer, avec ses rouges briqueteries, et le bourg de Séon-Saint-Henri, réputé par l'excellente qualité de ses vignobles.

MARSEILLE MODERNE

ET SON AVENIR

CHAPITRE II

Les nouveaux monuments et embellissements de Marseille. — Le Prado, la promenade de la Corniche. — La plage de Montredon. — L'église de Notre-Dame de la Garde. — Le palais de Longchamp. — La bibliothèque du lycée, de M. Espérandieu, etc., etc.—La rue Impériale et la Joliette. —Les nouveaux ports. — Les Catalans — Les docks. — Les forges et houilles. — Les minerais de Mokta-el-Hadid. — Les forges et chantiers de la Ciotat. — Marseille, ville industrielle.—Les diverses lignes des paquebots du Levant, de la Syrie, de l'Egypte, du Danube, de la mer Noire, de l'Espagne et du Maroc, de la Réunion et Maurice.— Les nouveaux paquebots de l'Indo-Chine. — Commerce de Chine. — L'isthme de Suez et ses nouveaux ports ; leurs conséquences prochaines pour la prospérité commerciale et l'avenir de la France et de Marseille dans l'extrême Orient.

Chose étrange! Marseille, la ville la plus antique de France , par son origine grec-

que*, l'ancienne rivale de Carthage et de Tyr,
l'alliée de Rome et de Pompée, qui faisait l'ad-
miration de Cicéron, d'Agricola, et à laquelle
Jules César et Decimus Brutus ont fait subir un
siége resté mémorable [5], sauf quelques tombes
romaines récemment découvertes dans les
fouilles de la Joliette, n'offre aucune de ces précieuses reliques des monuments de l'antiquité
qui donnent encore tant de prestige aux anciennes cités de Nimes et d'Arles.

Chose plus étrange encore ! malgré les diverses phases d'opulence et de prospérité maritimes
que présente son histoire, elle était restée

.

---

* Des maisons marseillaises avaient, dès le Ve siècle
de Rome, établi à Syracuse, comme elles le firent
plus tard à Alexandrie, des comptoirs qui attestent
une très grande activité commerciale. (Démosthènes,
XXXII, *Discours contre Zenothemis*, 980, édit. Bekker ;
Histoire de Jules César, par S. M. l'empereur Napoléon III, t. I, p. 105.)

jusqu'à ce jour déshéritée de monuments modernes dignes des hautes destinées que lui réserve
l'avenir.

Le fameux sculpteur du *Milon de Crotone*, à
Versailles; du *Sauli*, du *Saint Sébastien* de
l'église de Carignan , à Gênes , des cariatides
de l'hôtel de ville de Toulon, de la suave *Andro-
mède délivrée par Persée*, Puget lui-même ,
originaire de Marseille , réduit , pour y vivre ,
à ébaucher quelques poupes colossales de navires ornées de figures en relief et en ronde-bosse,
n'y a laissé que les plans des constructions monumentales qui décorent encore la place Saint-
Louis, les bas-reliefs de la peste de Milan que l'on
remarque dans la salle du conseil de la Santé *,

* Après un nouvel examen de ces bas-reliefs, je ne
sais rien de plus admirablement articulé et fouillé que
le pied d'un pestiféré que le fossoyeur tire d'une fosse,
à l'aide d'un vigoureux effort qui se trahit par des
muscles et des nerfs rendus avec toute la fougue et
l'exactitude anatomique de Michel-Ange.

et quelques trop rares écussons, traces fugitives et bien incomplètes de son vigoureux génie trempé à la manière de Michel-Ange.

Et, néanmoins, alors même qu'elle était veuve de tout monument, la vieille Phocée s'est toujours distinguée, au milieu des autres villes de l'intérieur, par une originalité à elle propre, par on ne sait quoi de svelte, de délié, de mobile, quelle expansion, quelle gaieté, et quel entrain de vivre en plein soleil, qui impriment à sa physionomie des allures onduleuses comme la mer qui la baigne de toute part et un charme indéfinissable de nouveauté.

Rien ne la peint mieux, du reste. que les quelques vers qui suivent, que lui a consacrés son poëte de prédilection, Méry, trop tôt enlevé aux lettres et à la profonde tendresse de son frère, l'un de nos meilleurs et de nos plus anciens amis :

Notre voisine sœur, l'orientale Asie,

Couvre ce port heureux de tant de poésie ;

Les longs quais de ce port, congrès de l'univers,

Sont broyés, nuit et jour, par tant d'hommes divers,

Qu'un voyageur mêlé dans la foule mouvante,

Marbre aux mille couleurs, mosaïque vivante,

Croit vivre en Orient, ou, dans les jours premiers,

Sous Sidon et Carthage, au pays des palmiers.

Ainsi donc le commerce est chez nous poétique,

Poëte, viens t'asseoir sous quelque frais portique :

Si je ne puis offrir à ton brûlant regard

Ni les temples nimois ni l'aqueduc du Gard,

Ni la vieille Phocée à sa gloire ravie,

A défaut de la mort, viens contempler la vie;

Le cœur se réjouit à cet éclat si beau :

L'opulente maison vaut mieux que le tombeau.

Madame de Sévigné elle-même, si délicate et si fine, en matière de goût, familiarisée avec tout le luxe, les magnificences des Tuileries et de Versailles, fut émerveillée, en plein XVIIe siè-

cle, du grand air de Marseille, de ce joli *tour-
billon, qui ne ressemblait à aucun autre.* Elle ne
se lassait pas d'admirer, des hauteurs de la
Viste, la mer, les bastides, les montagnes de ce
centre animé par un va et vient continu d'étrangers, originaires des contrées les plus lointaines, qui déjà, à cette époque, avaient pour
elle une saveur toute particulière, même après
Paris.

Depuis, et surtout dans la période des trente
dernières années qui viennent de s'écouler,
Marseille a pris largement sa revanche sous le
rapport des constructions monumentales, et il
serait injuste de ne pas reconnaître qu'elle mé-
ritait, mieux que toute autre cité, d'être relevée
de l'état de déchéance qui faisait un contraste si
peu harmonique avec sa population toujours
croissante et la vitalité nouvelle de son commerce.

Il n'existera bientôt plus, de l'ancienne ville

de Louis XIV, pour mémoire, que la rue d'Aix,
le Cours, la place Saint-Louis, la rue de Rome,
qui forment encore son artère principale , les
rues Saint-Ferréol, Grignan, Paradis, les allées
de Meilhan et quelques autres annexes qui ne
manquent ni d'élégance ni d'ampleur.

De la place Castellanne qui sert de couronnement à la rue de Rome, en s'infléchissant
vers la mer, se développe aujourd'hui une
magnifique promenade, le Prado * qui ferait
honneur à une capitale, bordée de fraîches
allées d'arbres, d'attrayantes maisons de plaisance, dominée, dans son immense parcours,
par de riantes petites collines étagées en gra-
dins, festonnées de feuillage et de fleurs.

Cette promenade tourne ensuite autour de la

* Le Prado et Longchamp ont été fondés par M. Clapier, ex-député des Bouches-du-Rhône, et M. Bernex,
père de M. le maire actuel de Marseille.

mer, comme le Pausilippe de Naples, par de pittoresques circuits, au pied du charmant coteau d'Endoume, et se prolonge ainsi jusqu'aux Catalans.

C'est là que se donne rendez-vous tout ce que Marseille moderne renferme de plus confortable, comme équipages, chevaux de luxe, et que le turf tient ses grandes assises et se livre à ses plus brillants tournois.

La promenade de la Corniche, qui relie aux Catalans la plage de Montredon, le Château Borréli, la petite anse d'Endoume, a été entièrement régénérée par les eaux de la Durance. Tous ces monceaux informes de galets, de rocs arides et rugueux, cariés et dénudés par les flaques du littoral où quelques maigres bouquets de pins étalaient à peine autrefois leurs aiguilles désolées, achèvent, chaque jour, de disparaître, pour faire place à de somptueux cottages, à des villas d'une richesse exquise,

parmi lesquelles se distingue surtout celle de
M. Paulin Talabot, connue sous le nom du
Roucas blanc

On est tout étonné de voir, dans cette splendide résidence, perchée, comme un nid d'aigle,
sur l'un des mamelons les plus escarpés de la
Corniche, noyée dans un épais fourré de pins,
de charmantes cascades d'eau douce, provenant
du canal de Provence, envelopper de leurs méan-
dres la plus grande partie des avenues du parc,
et se précipiter ensuite, après mille détours,
dans de très larges et limpides bassins, en face
même de l'immense bassin de la plage de Montredon. Je ne connais pas de spectacle plus ravissant que celui d'une végétation puissante du
sol, avivée par la fraicheur des eaux de rivière,
en présence de la végétation intérieure bien plus
puissante encore des espaces sans limites de la
mer. Les vues de cette villa ont été ménagées
avec un art si parfait que la radieuse plage de

Montredon semble lui appartenir toute entière comme l'une de ses dépendances, et s'arrondit, en conques marines, à ses pieds, dans ses plus délicieux contours et ses aspects les plus divers. Il faut y joindre encore le charme d'arbustes, de plantes marines et de fleurs exotiques qui impriment à la physionomie du parc un cachet entièrement oriental.

On distingue, en outre, un peu plus loin, le kiosque Roubion, ce sanctuaire de la gastronomie marseillaise, que les Apicius les plus raffinés d'Auguste et de Tibère n'eussent point dédaigné.

La plage de Montredon, par la gracieuse courbure de la côte. met à l'abri de tous les vents, excepté de ceux de l'Ouest, ce site de la Corniche, qui, pour la pureté de l'air et la richesse du sol, n'est inférieur à aucun autre en Europe.

A 1,200 mètres de terre, la mer a, dans ces parages, de 12 à 15 mètres de profondeur, et une digue de 2 kilomètres formerait une rade parfaite de 200 à 300 hectares. Aussi voisine du port de Marseille que l'est le Frioul, elle ser_ virait de prolongement à la petite rade d'En- doume, et, si l'on venait à ouvrir une passe nou- velle du port à cette anse, tous les dangers de l'entrée et de la sortie de Marseille seraient écar- tés; les navires y gagneraient la haute mer avec une égale facilité et donneraient au Prado la perspective d'une forêt de mâts de navires qui présenterait un spectacle bien autrement grandiose que celui de la trop fameuse Can- nebière.

Du reste, cette même Cannebière tant per- siflée a laissé dire les railleurs et n'a pas moins repris un nouvel éclat, par l'élargissement de la rue Noailles qui la prolonge jusqu'aux an- ciennes allées de Meilhan.

C'est dans la rue Noailles que sont venus se grouper trois superbes hôtels dignes d'une métropole : l'hôtel du Louvre et de la Paix, l'hôtel de Marseille et de Noailles, et des cafés décorés avec ce luxe asiatique de peintures, de fresques, de dorures, traditionnel dans cette ville, et tout ce qu'une grande cité peut comporter de coquetteries de tous les genres.

Une Bourse monumentale a été construite, en face de la place Impériale et de la rue Paradis, et centralise dans le même local les salles de réunion du public, la chambre de commerce, le tribunal de commerce et des prud'hommes, ainsi qn'il convient à une place commerciale et maritime de premier ordre, où se traitent avec une largeur inhérente à leur nature les affaires les plus considérables du pays.

Il n'entre en aucune manière dans mes vues, ni dans mon sujet, de critiquer le goût plus ou moins pur qui a présidé à la conception des monuments nouveaux de Marseille. Il y avait tant et si vite à faire, à la fois, pour combler

des lacunes fort regrettables et pourvoir à des
exigences de première nécessité qu'il faut bien
tenir compte de la rapidité que l'administration
départementale et municipale a dû mettre à
regagner, en quelque sorte, le temps perdu.
L'essentiel, en définitive, c'est que ces monuments aient été édifiés à leur place la plus naturelle, le mieux appropriée à leur destination, et,
à ce point de vue, ils ne laissent rien à désirer.

C'est ainsi que le nouveau palais départemen-
tal a été construit dans les meilleures conditions
d'emplacement, d'accès et d'aération, sur la
place Saint-Ferréol, dans l'axe de l'élégante rue
du même nom qui forme l'avenue principale de
l'édifice et lui imprime des allures très suffi-
santes de grandeur.

Là, se trouvent aujourd'hui réunis, à l'avantage de la prompte expédition des affaires, des
services autrefois éparpillés dans sept rues différentes.

De larges trumeaux enrichis de sculptures au premier étage et vingt-quatre statues représentant les personnages qui ont rendu les services les plus éminents au Midi, et l'ont illustré, entre autres, Mirabeau, Suffren, Portalis, Villars, Puget, Belsunce, Palamède de Forbin, contribuent à faire revivre les souvenirs les plus glorieux de la Provence, à toutes les époques de son histoire et dans toutes les carrières.

D'autres quartiers entièrement neufs, bordés d'hôtels et de constructions, d'un style irréprochable, ont surgi dans l'intérieur de la ville, à droite et à gauche du cours Bonaparte, le long du boulevard Gazino, des rues de l'Arsenal, Nicolas, Breteuil, Sylvabelle, Saint-Jacques, Dragon, Montgrand, etc., etc.

A la cime du belveder si pittoresque de Notre-Dame de la Garde, a été nouvellement exhaussée une ravissante église, moitié romane, moitié byzantine, qui ne le cède en rien à ses aînées

pour le charme de ses coupoles, où les marins
viennent, en pélerinage, suspendre pieusement
leurs *ex-voto*.

Elle se compose d'une nef très hardie, aux
voûtes en plein cintre, accompagnée de six
chapelles et d'un chœur avec tribune d'une
rare élégance. L'ossature intérieure se distingue
par une grande richesse de matériaux. Le marbre blanc de Carrare et le marbre rouge du Var
y alternent avec un goût parfait, et de petites
colonnes en onyx, qui supportent les saintes
tables, lui donnent des reflets d'une luxueuse
mosaïque. Une charmante crypte taillée dans le
rocher rappelle les nervures si déliées de la
crypte de Saint-Gilles. Une statue colossale de
la Vierge, en bronze doré, s'élèvera bientôt au
dessus du clocher qui se détache à l'horizon et
fuit à une immense hauteur, au dessus du bassin
de la Méditerranée. Les décors intérieurs sont
confiés à un peintre du plus grand mérite,

M. Charles Muller, de Dusseldorf. Ce sanctuaire de Bon-Secours, du haut duquel se déroule le plus magnifique panorama qu'il soit donné à l'œil humain de contempler, est un vrai modèle de grâce exquise, ciselé avec amour, comme une pièce d'orfèvrerie de Benvenuto Cellini, par M. Espérandieu, qui possède au suprême degré le don si rare de choisir dans des styles divers ce qu'ils renferment de plus remarquable et d'imprimer, néanmoins, à ses conceptions un cachet spécial d'originalité.

Dans sa jeune et vive fécondité, M. Espérandieu ne s'est pas arrêté là.

Au rond-point de Longchamp où vient aboutir la branche mère du canal de Provence, amenée par la dérivation de Château-Gombert, l'architecte plein d'avenir de l'église de Notre-Dame de la Garde a construit le nouveau Palais des arts. Cet admirable palais est de forme circulaire, décoré de trois pavillons, style renaissance

française, librement interprété, avec ce tact
merveilleux qui sait s'approprier et faire sien
tout ce qu'il emprunte aux traditions les plus
saines de l'architecture. Le pavillon de droite
est destiné au Museum d'histoire naturelle ; le
pavillon de gauche, au Musée de peinture. Au
centre, se dessine le château d'eau, sous la
forme d'un arc de triomphe ornementé des
armes de la ville et de divers attributs de la
flore du Midi. Cet arc est accompagné de deux
colonnes monumentales, surmontées de belles
statues et de termes confiés au ciseau de nos
plus célèbres sculpteurs, MM. Cavelier, Le-
quesne, Gilbert. Un groupe colossal y figure
la Durance, escortée de deux emblèmes allégo-
riques (la vigne et le blé), et placée sur un char
traîné par quatre vigoureux taureaux de 'a Camargue. Sous leurs pièds, jaillit une masse
d'eau qui, tombant d'abord d'une hauteur de
12 mètres, descend ensuite, en cascades

7

successives, jusqu'au niveau du bassin inférieur. C'est une heureuse inspiration que celle
d'avoir symbolisé les immenses bienfaits de
fraîcheur et de fertilité que cette rivière a ré-
pandus sur le sol, naguère encore ingrat et
déshérité, de Marseille et de la Provence.

Ces trois pavillons sont reliés, à la hauteur
du premier étage, par de légères colonnettes à
jour qui se déploient en hémicycle sur le vaste
amphithéâtre où se dresse le monument. A
travers cette colonnade, se profilent dans le
lointain l'azur du ciel et les verts ombrages
d'un splendide jardin public, auquel va être
annexé le Jardin zoologique, et qui formera
l'une des promenades les plus riantes et les plus
vastes de la cité.

Du haut de la terrasse qui domine le Musée,
on a, en face de soi, l'avenue de Longchamp;
à droite, une échappée de vue sur la mer; à
gauche, tout un féerique décor de roches ma-

rines, inondées de lumière, dorées par le soleil et sculptées par la nature du Midi avec cette verve d'originalité abrupte et monumentale, cette dégradation de tons chatoyants et de couleurs ardentes dont elle possède, seule, le secret, et que Crapelet, moissonné trop jeune à la peine, a si vivement reproduites dans ses ravissantes esquisses des ruines d'Egypte et de Thèbes.

On accède au Palais des Arts par un large perron pourvu, de chaque côté, de socles prêts à recevoir deux superbes lions et deux tigres sculptés par Barye, et divers autres groupes exécutés par MM. Ferrat, Guindon, Chauvet, Poitevin, Truphème, Chabaud.

Ce Palais des Arts est, sans contredit, le vrai joyau des monuments modernes de Marseille. Il y a dans ses contours une telle entente de la perspective et de la lumière, on ne sait quel charme suave d'allure svelte et déliée, une telle sobriété et une telle finesse attiques de détails que l'on se prend à rêver des monuments les plus purs d'Athènes. Personne n'a un instinct plus sûr et plus poétique que M. Espérandieu de toutes les ressources que l'on peut tirer des sites aériens et des pittoresques sommets.

En outre, ce même architecte est chargé de donner ses soins et le fruit de son expérience à la nouvelle cathédrale, style roman et byzantin, qui s'élève sur la place de la Joliette, comme un phare pieux, en face de la mer, sur les plans de M. Vaudoyer, dans des proportions assez vastes pour renfermer neuf mille fidèles. Cet immense vaisseau n'a pas moins de 140 mètres de longueur, 52 mètres de largeur, et renferme quatre dômes dont le principal sera porté à une hauteur qui n'est pas moindre de *soixante mètres*.

Enfin, M. Espérandieu est en voie de construire, dans le voisinage du Lycée, un autre monument magistral, destiné aux services divers de l'Ecole des beaux-arts, tels que : classe de sculpture, d'architecture, de dessin, amphithéâtre de la bosse et du modèle vivant, et à la bibliothèque de la ville, qui pourra contenir 150,000 volumes.

Du reste, sur tous les points les plus éloignés du centre de Marseille, au boulevard Chave, dans l'ancienne plaine agrandie, nivelée, reconstruite, décorée d'un immense château d'eau, la ville se rectifie et se développe au loin.

Depuis six années seulement, cent soixante-six rues nouvelles ont été ouvertes et deux mille huit cents maisons édifiées. Le boulevard de l'Empereur, le boulevart Baille, la rue Rouvière, tout un quartier fondé à neuf sur l'emplacement de l'ancien Lazaret, qui est en mesure de renfermer, à lui seul, huit mille habitants, ont été inaugurés. Plusieurs autres boulevards, un jardin des fleurs, des promenades, des squares forment autant de conquêtes modernes pour l'agrément du public, pour faciliter la circulation, l'assainissement et l'essor de plus en plus expansif de la reine du Midi.

Sur l'un des points culminants de la ville s'élève, par droit de suzeraineté, un majestueux hospice où les infirmités humaines trouvent presque un riant asile pour leurs souffrances. Le mouvement se continue partout : les grandes œuvres commencées, le percement du cours Lieutaud qui va traverser la ville dans son entier, se poursuivent avec une incessante activité [6].

Parmi cet ensemble imposant d'améliorations destinées à rénover complètement l'aspect de Marseille, à la doter d'un caractère de splendeur qui lui manquait jusque-là, à faire refluer vers le Nord une partie de la population qui s'épandait autrefois vers le Sud, la plus riche en avenir, en surprises de tous les genres, est bien évidemment l'ouverture de la rue Impériale, qui n'a pas moins de 25 mètres de largeur, de 1,083 mètres de longueur, et relie le cours Bonaparte et le quai Napoléon à la Joliette.

Cette immense artère n'est elle-même qu'un détail, à côté d'une foule d'amorces perpendiculaires et parallèles qui viennent s'y joindre, de l'avenue de l'Impératrice, de la cathédrale, entre autres, et des voies récentes de la Joliette qui lui servent d'appendice et de couronnement.

La vieille ville, autrement dite le quartier Saint-Jean, était, naguère encore, juchée sur une succession de mamelons, de rues étroites, tortueuses, malsaines, comme dans toutes les anciennes villes du Midi, dont le faîte prenait naissance sur la place de l'arc de triomphe de la rue d'Aix, et plongeait, à l'est et à l'ouest, par deux versants plus ou moins inclinés : l'un, vers l'ancien port ; l'autre, vers le boulevard des Dames.

Pour éventrer en quelque sorte ces vieux quartiers et les forcer à capituler devant les quartiers nouveaux, il fallait établir, au cœur même de ce massif, un point central d'où l'on descendrait, par une pente insensible, vers l'ancien port, d'où l'on remonterait facilement vers le chemin de fer de la Méditerranée.

C'est pour répondre à ce but qu'ont été fondées la rue Impériale avec ses annexes, et la place pentagonale de la Joliette, déblayée à la hauteur de 13 mètres au dessus de la mer, c'est-à-dire à un niveau tel qu'il permet de descendre et de monter par des rampes adoucies vers les points extrêmes. Du milieu de ce pentagone, l'œil découvre, d'un côté, la place des Docks et le quai Napoléon, les voies récemment ouvertes vers l'Hôtel-Dieu et la nouvelle cathédrale; de l'autre, l'arc de triomphe, le cours Belsunce et la gare.

Quatre superbes façades de rues neuves et de

constructions élégantes aboutissant à la Joliette sont entièrement achevées et sur le point d'entamer la rue d'Aix.

Les surfaces construites autour de la Joliette et de la rue Impériale dépassent 74,000 mètres carrés, sur lesquels la Compagnie immobilière, soit par elle-même, soit par des tiers acquéreurs, achève d'élever quatre cent dix-neuf maisons.

Il reste encore à couvrir de bâtiments, dans un délai de huit années, au quartier de la rue Impériale, 44,000 mètres ; à la Joliette, 88,700 mètres ; au Lazaret, 305,300 mètres, sur lesquels deux mille maisons doivent être commencées immédiatement et mille de plus achevées en 1874.

Si l'on ajoute à ces chiffres 160,000 mètres de terrains des Catalans, dont 10,000 pris sur l'ancien bassin de carénage, 52,000 au fort Saint-Jean, 98,000 par le creusement d'un port, sur lesquels onze cents maisons pourront être facilement établies, on aura, en constructions déjà faites, commencées ou en projet, un total de quatre mille cent maisons édifiées en dix années.

Pour compléter ce merveilleux ensemble de créations toutes récentes, il ne reste plus qu'à donner suite au vaste projet de transformation des Catalans [7]. Suivant l'un de ces projets, ce bassin serait situé non pas dans l'anse qui porte son nom, mais au delà, contre le promontoire d'Endoume; il serait conquis sur la mer, comme le port de la Joliette; pour le garantir des vents du sud et du sud-ouest, l'on construirait une jetée qui partirait des îles des Pendus et se dirigerait vers l'écueil sur lequel on a établi la tour dite du Canoubier.

Le bassin du Pharo servirait de principale entrée aux navires; on l'établirait à la hauteur du palais impérial, de manière à le relier au phare de la Joliette. Une large ouverture donnerait passage aux navires du plus fort tonnage; c'est par là que l'on pénétrerait dans le vieux port phocéen, qui restera ce qu'il a toujours été, le havre le plus sûr qu'il y ait au monde.

Le fort Saint-Nicolas, construit, sous Louis XIV, sur les dessins de Vauban, relégué dans un rentrant, n'aurait plus sa raison d'être. Il serait rasé à niveau des rochers et l'on convertirait cet emplacement en un môle ou terrasse, d'une hauteur suffisante, pour permettre aux promeneurs d'admirer le féerique coup d'œil de la rade et de tous les ports. La tour de Saint-Paul, qui date de François Ier, serait conservée. Pour que la communication entre les ports devînt facile, le mur de soutènement de la Tourette serait démoli, de même que l'esplanade et l'église Saint-Laurent.

Tous ces ports seraient annexés entre eux par de larges quais qui n'auraient pas moins de trois ou quatre lieues d'étendue, à partir d'Endoume. C'est à ce pittoresque village que le chenal de la Corniche viendrait aboutir.

Au moyen de ces immenses travaux, on communiquerait une nouvelle vie aux Catalans [8], de l'autre côté du vieux port, et l'on fusionnerait complètement avec l'intérieur de Marseille tout un vaste territoire à peine habité, hérissé de rochers abruptes, qui s'étend de la Corniche et de la colline de Notre-Dame de la Garde jusqu'à l'ancien bassin de carénage. Cette régénération radicale des Catalans aurait, en outre, pour résultat de rétablir du côté sud de la cité l'équilibre menacé par le mouvement nouveau d'expansion qui tend à se diriger vers le nord *.

Quoi qu'il en soit, lorsqu'on parcourt la rue

* Nous ne donnons là que le résumé de l'un des projets qui ont été formulés pour la construction d'un nouveau port aux Catalans, sans parti pris et sans préjudice des autres projets qui ont été conçus dans un sens contraire. Il nous suffit d'indiquer l'importance de cette nouvelle création et la portée qu'elle peut avoir pour l'avenir des quartiers sud de la mé-

Impériale avec ses nombreuses issues, encore
à l'état d'impasses, mais entièrement construites; la place pentagone de la Joliette, avec ses
diverses dépendances, on dirait toute une nouvelle ville en attente, susceptible de renfermer
une population de 100,000 âmes. qui n'a plus
que quelques coups de sape à recevoir pour se
substituer à l'ancienne ville, du côté de la rue
d'Aix et du vieux port, la convertir en une sorte

tropole du Midi et de nous borner à notre rôle d'historien.

Le Conseil municipal de Marseille, dans sa séance
du 22 février 1867, s'est, du reste, de nouveau occupé
de l'établissement du port dont s'agit, en avant de
l'anse des Catalans, avec gares, docks, bassin de
carénage gratuit, chantier de construction, communication du quartier de Rive-Neuve avec celui des
Catalans. L'éminent avocat du barreau de Marseille,
M. Thourel, membre de ce Conseil, a vivement insisté
sur le rasement complet du fort Saint-Nicolas, comme
désormais inutile à la défense des ports de cette ville
et formant un *obstacle permanent à l'extension de sa
partie sud.*

d'échiquier, tant du côté du nord que du sud, et donner à Marseille l'aspect grandiose d'un immense caravansérail en rapport avec le surcroît de force vitale et de prospérité qui doit se révéler bientôt dans ses murs.

En dehors de ces admirables progrès, qui tendent à faire de la reine du Midi l'une des villes les plus luxueuses et les plus attrayantes de l'Empire, ses ports ont reçu, depuis une trentaine d'années. des développements considérables.

Il y a trente ans, le vieux port, y compris ses annexes (le canal de Rive-Neuve et le bassin de carénage), n'offrait qu'une superficie de 29 hectares et une étendue de quais, de 3,200 mètres.

La loi du 5 août 1844 a pourvu d'abord à cette première insuffisance, en décidant la création d'un nouveau port dans l'anse de la Joliette, et a doté la métropole de la Méditerranée d'une surface d'eau parfaitement abritée de 21 hectares, et d'un nouveau supplément de quais de 2,200 mètres.

La rade la plus sûre pour le mouillage des navires est celle du Frioul, *fretum Julii*, située entre les Iles de Pomègue et de Ratonneau; c'est là que stationnait, pendant le siége de l'ancienne Phocée, l'escadre de César commandée par Decimus Brutus. Ce point a, depuis peu d'années, changé complètement d'aspect. On a fermé, par une digue de 300 mètres, le canal qui sépare les deux îles, et fondé ainsi, en face de la cité, un port de 20 hectares.

Pourtant, comme ce travail avait laissé le Frioul ouvert aux vents de l'est et les navires exposés à être sans cesse battus par la houle, cette même loi de 1844 a neutralisé cet obstacle par une allocation affectée à l'établissement de deux jetées : l'une, de l'île de Ratonneau ; l'autre, de l'île de Pomègue, qui sont aujourd'hui à l'état de fait accompli. De plus, une digue de 1,120 mètres a été construite à l'anse de la Joliette, à 400 mètres en mer. Deux autres digues, enracinées au rivage et distantes entre elles de 500 mètres, se dirigent perpendiculairement à la première et laissent des entrées sur chacun des avant-ports formés par les prolongements de la digue du large.

Ces avant-ports servent de refuge et de lieu d'appareillage aux navires qui sont destinés à entrer à Marseille ou qui doivent en sortir ; le nouveau bassin communique avec l'ancien par un large canal qui passe en arrière du fort Saint-Jean.

Un troisième port, celui d'Arenc, muni d'un môle extérieur jeté sur la mer et faisant suite à celui de la Joliette, sur une longueur de 1,100 mètres, jusqu'à sa rencontre avec la rue Impériale, a été récemment inauguré et n'a pas une contenance moindre de 13 hectares.

Il faut ajouter encore que la création des docks a permis, par le simple prolongement de la jetée, de joindre aux bassins de la Joliette, du Lazaret et d'Arenc, affectés au service exclusif de ces docks, le bassin Napoléon, décrété en 1859, ouvert récemment aux entrepôts et au public.

Enfin, les fondations d'un cinquième port, le bassin impérial creusé à la suite, commencent à sortir de la mer, et l'on prépare à la fois les bassins de radoub et de carénage.

La surface totale de ces cinq ports réunis comprendra sous peu 136 hectares d'eau et 14 kilomètres de quais, au lieu des 29 hectares d'eau et des 2 kilomètres de quais mis à la disposition du plus grand centre maritime du Midi, il y a trente années à peine.

C'est là un bienfait inappréciable pour le commerce de Marseille, qui trouve aujourd'hui toutes les ressources nécessaires pour se mouvoir au large et se livrer, sàns entraves, à l'activité toujours croissante de ses opérations.

Le mouvement actuel de ces ports ne s'est pas élevé, pour 1865, à un chiffre moindre de 17,676 navires, entrées et sorties comprises, jaugeant 3,437,926 tonneaux.

Il n'y a que Londres et Liverpool qui présentent un mouvement supérieur de navigation.

Marseille figure, en 1866, dans les produits des douanes, pour une somme de 19,758,324 fr., égale au sixième de leur revenu général, qui s'est élevé, pour ce même exercice, à la somme de 120 millions environ. En outre, les sommes escomptées ou avancées par la succursale de la Banque de France sont montées successivement de 334 millions, en 1862, à 475 millions, en 1863, et jusqu'au chiffre énorme de 606 millions, en 1865. Les opérations effectuées par cette succursale dépassent celles de Lyon, Lille, Rouen et Bordeaux.

Il importe également de constater que Marseille avait reçu, dès la première année de l'exploitation complète de la ligne principale du chemin de fer de Lyon à Paris, 566,499 voyageurs, à l'arrivée et au départ, et 684,332 tonnes de marchandises. En 1865, ce même trafic a atteint 1,216,091 voyageurs et 1,318,755 tonnes de marchandises.

D'autre part, ce qui doit surtout faire de Marseille l'un des premiers établissements maritimes de l'Europe, c'est la création des docks que nous avons mentionnés plus haut.

Tout le monde sait que le dock maritime.est une sorte de soudure de la voie de mer à la voie de terre. Son mécanisme, réduit à sa plus simple expression, n'a pas d'autre fin que de construire un immense bazar dont une des faces ouvre sur le bord du quai, contre le flanc du navire et dont la face opposée ouvre sur la voie charretière. La grue qui puise la marchandise dans l'écoutille correspond à celle qui la descend sur le camion.

L'édifice intermédiaire, qu'on appelle dock, devient ainsi un lieu sûr pour la vérification du produit, un hangar de manutention, un magasin d'entrepôt et un rail de communication et de circulation directe entre la voie de terre et le port.

Qu'il s'agisse de relations entre le public et la Douane, entre acheteurs et vendeurs, de pesage, de cubage, d'arrimage, de réception, de vente ou de livraison de marchandises, tout s'accomplit dans ces gigantesques catacombes où viennent se réunir et se classer les produits variés des contrées les plus lointaines, avec un ordre, une promptitude, une précision, une simplification de procédés mécaniques, dont les admirables conséquences n'ont contribué à rien moins qu'à centraliser sur les marchés de l'Angleterre le commerce d'entrepôt le plus opulent et le plus vaste du monde *.

Les docks de Marseille ont été concédés à M. Paulin Talabot, par un décret du 23 février 1859, et sont aujourd'hui en pleine activité d'exploitation 9.

Les magasins construits par la Compagnie que cet éminent ingénieur a fondée présentent actuellement une surface de 72,000 mètres carrés de planchers susceptibles de recevoir 130,000 tonnes de marchandises, au moins.

Le stock moyen a été, en 1865, de 50,000 tonnes, et pendant le second semestre, de 60,000 tonnes.

La Compagnie des docks a obtenu 260 mè-

* Voir mon *Etude sur les docks anglais*, Paris, Amyot, éditeur, 8, rue de la Paix, 1857.

tres de quais sur le bassin de la Joliette et 320 mètres sur la jetée du large affectés principalemeut au service des bateaux à vapeur.

Les bassins du Lazaret et d'Arenc, concédés à la Compagnie, comprennent une surface d'eau de 15 hectares, autour de laquelle règnent des terre-pleins de 18 hectares. Indépendamment de cette surface, qui fait partie de la concession, et tout à côté, cette même Compagnie possède, en son propre nom. une surface de 1 hectare et demi. Elle y a établi, pour le service de l'administration et du moteur hydraulique emprunté à sir W. Armstrong, un système remarquable de machinerie à eau comprimée et construit plusieurs bâtiments qui comprennent caves, rez-de-chaussée et six étages.

La construction de ces docks se distingue par ses formes sévères et monumentales qui rappellent la grande manière des Romains.

A l'intérieur, se déroulent, sur une vaste

étendue, des espèces de cryptes où la lumière est ménagée avec une habileté infinie, où la charpente des voûtes se dessine avec une hardiesse d'exécution et une sobriété de matériaux dont nos arts mécaniques modernes possèdent seuls le secret. D'élégantes habitations sont venues se ranger autour, et c'est sur ce point que surgit, à vue d'œil, la nouvelle cité de la Joliette dont nous avons déjà parlé.

Les dispositions prises pour l'embarquement et le débarquement des marchandises, les bassins de radoub, les cales sèches dont ces docks sont pourvus, contribuent à débarrasser Marseille de tout un cortége suranné d'intermédiaires inutiles, et justifient la réputation européenne de haute sagacité si justement acquise à M. Talabot, leur fondateur.

Je ne connais pas, pour ma part, de spectacle plus digne d'intérêt que celui d'un centre maritime de premier ordre, en travail continu

d'enfantement. Cette activité humaine, qui se
déploie et rayonne dans tous les sens, ce va et
vient incessant, en plein et beau soleil, de
mâles travailleurs, tout entiers à leurs rudes
tâches, ces forces vivantes et intelligentes, aux
prises avec l'inertie du monde matériel, cette
victoire de l'esprit sur les résistances aveugles,
ces énergiques leviers que la vapeur fait mouvoir
avec une merveilleuse précision de mouvements,
ces forêts de mâts qui se dressent, au loin,
sur une mer luxuriante de beauté, attestent la
virilité du génie inventif de notre époque. La
richesse des produits qui s'accumulent en abondance sur de superbes quais et s'écoulent
ensuite par mille canaux divers jusqu'aux artères les plus éloignées d'un grand pays pour
vivifier ses manufactures et se transformer en
mille autres produits, ce n'est pas la mort,
comme dit le poète, c'est la vie; la vie, à son
plus haut degré de puissance créatrice, d'in-

ensité, qui témoigne du souffle divin d'où elle émane; la vie, dans ce qu'elle offre de plus moral et de plus conforme à la loi de Dieu qui commande à l'homme de lutter, à la sueur de son front, contre la matière, de l'assujétir à son joug, de dominer sur elle, pour monter plus haut, dans le royaume de l'idéal.

Marseille n'est pas seulement, aujourd'hui, une place commerciale et maritime hors ligne, elle s'élève de plus en plus, chaque jour, au rôle d'une ville industrielle de premier ordre. tA part ses savonneries, ses raffineries séculaires, la construction et la réparation des machines à vapeur, des chaudières pour les paquebots, les forges, les huileries de graines de sésame, d'arachide et de lin ont donné récemment naissance dans ses murs à une foule d'usines métal -lurgiques d'une incontestable valeur. On fond aujourd'hui dans l'une de ces usines des minerais originaires de l'île d'Elbe (Rio-Marino), de l'Espagne (la Garrucha, Tereros), de l'Algérie (Blidah, Philippeville).

Il a été, en outre, organisé, sous le patronage de M. Paulin Talabot, une nouvelle société de minerais connue sous le nom de minerais de fer magnétique de Mokta-el-Hadid, près de Bône, sur les bords de la Seybouse, de nature à fournir un surcroît précieux d'aliment à la grande industrie des forges marseillaises. On évalue à 17 millions de tonnes d'affleurement la quantité de fer reconnue de ces minerais, que l'on peut exploiter, à ciel ouvert, comme une immense carrière. En dehors des couches d'affleurement, les couches recouvertes présentent des masses non moins considérables du précieux métal.

Comme fécondité et qualité des produits qu'ils renferment, ces gisements n'ont pas de rivaux en Europe; tandis que nos minerais de France ne renferment, en moyenne, que 35 pour cent de fer, il a été calculé que le gîte de Mokta en contient 65 pour cent et présente des traces remarquables de manganèse.

A l'aide des extractions du ce nouveau gîte, la métallurgie de Marseille et de toút le midi de la France sera bientôt en mesure de lutter, avec les plus grands avantages, contre la concurrence anglaise et de fabriquer des fers et des aciers supérieurs aux fers et aux aciers exotiques.

Marseille est en mesure de recevoir régulièrement 10,000 tonnes par mois de ce minerai, et c'est là, pour son commerce avec l'Algérie, un élément de fret qui n'est point à dédaigner.

Plusieurs autres établissements sont affectés à l'affinage pour fer et tôles de fontes étrangères ou françaises et de coupellation de plombs argentifères.

Enfin, un magnifique chantier a été fondé à la Ciotat, par la Compagnie des Messageries impériales, dirigée avec tant de distinction par

M. le Sénateur Béhic, pour la construction des paquebots complets, coques et machines, qui occupent trois mille cinq cents ouvriers. Les paquebots qui sortent de cet atelier n'ont pas une contenance moindre de 3,744 tonnes, et peuvent rivaliser, par leur outillage et leur parfait aménagement, avec les paquebots les mieux construits sur les chantiers européens.

Marseille s'est, en outre, enrichie de la fabrication du gaz hydrogène, de cent cinquante fabriques de briqueterie, d'eaux minérales factices, de câbles en fer pour navires, d'instruments de pesage à bascule, de coffre-forts, etc.

Nous avons nommé la vapeur ; c'est surtout à elle qu'il appartient de communiquer au commerce maritime de la cité méditerranéenne et à nos relations internationales un élan dont il est difficile d'assigner les limites.

Pour nous, qui ajoutons, en réalité, beaucoup

plus de prix à la hauteur de la pensée qu'à
l'agent mécanique le plus perfectionné, nous
ne pousserons pas l'exagération jusqu'à dire,
avec un grave économiste de notre temps, que
la vapeur est appelée à accomplir une révolution
profonde dans la balance de notre planète, et
nous serions très fâchés que le paquebot eût
existé du temps d'Homère, s'il avait dû nous
priver des merveilleuses aventures d'Ulysse, qui
consacra dix années à retourner d'Ilion à son
rocher d'Ithaque, et s'il avait eu la possibilité,
disant adieu, un matin, aux rivages de Troie,
de retrouver sa Pénélope, le lendemain, avant
le coucher du soleil, en dépit d'Eole et de Nep-
tune; nous y aurions gagné quelques découvertes et quelques filons de richesse inexplorés
de plus; mais comme la richesse, après tout,
n'est pas le but définitif de la destinée humaine,
que cette destinée ne se résume pas à beaucoup
produire, beaucoup consommer, beaucoup

jouir, nous y aurions perdu ces fontaines intarissables de rajeunissement qui enchantent encore le monde, et qui. sans révolutionner notre planète, valent bien, comme grandeur, tous les chemins de fer et les bateaux à vapeur de nos jours.

Néanmoins, dans l'ordre matériel des faits, dans l'ordre maritime, militaire et commercial, il est certain que le bateau à vapeur porte dans ses flancs des germes incontestables de rénovation et qu'il est destiné à servir de véhicule à de merveilleux progrès.

On sait que depuis une dixaine d'années, l'Etat a cédé tout le matériel des paquebots du Levant à la Compagnie des Messageries impériales de France. Depuis lors, ce service, réorganisé sur une plus vaste échelle, s'opère, toutes les semaines, avec une exactitude parfaite, par quatre lignes différentes :

La première, dite de Marseille à Ibraïla (Danube), qui aboutit directement de Marseille à Constantinople, par Messine, le Pirée, les Dardanelles et qui touche ensuite, par transbordement, à Varna, Sulina, Thulscha, Galatz, en treize jours environ ;

La seconde, qui, par la ligne circulaire dite d'Egypte, de Syrie et du Levant, aboutit, tous les quinze jours, de Marseille à Malte, Alexandrie, Jaffa, Beyrouth, Tripoli, Latakieh, Alexandrette, Mersina, Rhodes, Smyrne, Syra, Messine, Palerme, et, dans un sens inverse, fait successivement escale sur les mêmes points;

La troisième, qui aboutit de Marseille à Trébizonde *, par Constantinople, Inéboli, Sinope, Samsoum **, Kerassunde, Batum et Poti ;

---

* L'ancienne *Trapezonte*, qui, avant Mithridate le Grand, conservait une sorte d'aufonomie, sous les rois de Pont, avait un commerce fort étendu dans l'antiquité.

** Ancienne colonie grecque du nom d'Amisus, re-

Le quatrième, qui aboutit à Tunis, en touchant à Stora et Bone.

En dehors de ces grandes lignes du Levant, la Compagnie des Messageries impériales entretient un service fort actif avec l'Algérie, l'Espagne et le Maroc, en touchant à Collo, Djigelli, Bougie, Dellys, Alger, Cherchell, Tenez, Mostaganem, Arsew et Oran. Elle dessert également la Sicile et Malte, en touchant à Gênes, Livourne, Civita-Vecchia, Naples et Messine.

La vapeur est ainsi en mesure d'atteindre Constantinople en sept jours; Alexandrie, en six jours; Alger, en cinquante heures; Naples et la Sicile, en trois jours.

La vitesse est, désormais, la véritable stratégie des peuples modernes. Portée dans le

gardée, au temps de Lucullus, comme l'une des plus florissantes et des plus riches du pays.

jugement, elle fait l'homme de génie ; dans les choses, elle enfante des prodiges.

En outre, soit par la voie de mer, soit par le chemin de fer de Nice, on arrive aujourd'hui, en quelques heures, de Marseille au petit port de Cannes, qui sert au transit des parfumeries de Grasse. Ce port, situé dans un site privilégié, est devenu une attrayante oasis qui sert aujourd'hui de refuge aux santés chancelantes, depuis que le célèbre orateur Anglais, lord Brougham, y a établi sa résidence princière. Des châteaux récemment construits, d'un style emprunté aux formes gothiques du moyen âge, avec leurs murs crenelés, leurs donjons, leurs ponts-levis, leurs tourelles ; d'autres, aux formes mauresques, aux coupoles élancées, aux minarets sveltes, sont venus se grouper autour.

C'est toute une riante colonie italienne, implantée sur le sol de France, aux portes de Nice.

C'est le même ciel radieux de Sorrente, la

même température égale et douce; ce sont les mêmes orangers, les mêmes citronniers, la même plage ombreuse et sonore, la même flore, les mêmes produits.

Ce n'est pas tout; le service de la Réunion et Maurice, si impatiemment attendu à Marseille, a été établi, en 1864, et, dès le début de son exploitation, a donné toutes les satisfactions qu'on pouvait en attendre.

On touche, par cette ligne, de Marseille à Suez, par Aden, Mahé (dans les îles Seychelles), Saint-Denis (dans les îles de la Réunion), Port-Louis (dans l'île Maurice).

En outre, *la Société générale des transports maritimes à vapeur* est sur le point de doter Marseille, le 1ᵉʳ mai 1867, d'une ligne régulière de paquebots sur le Brésil et la Plata. Cette nouvelle ligne desservira Barcelone et Cadix. A partir de Cadix, elle doit toucher à Saint-Vincent, puis à Fernambuco, Bahia, Rio-

Janeiro et se diriger, de là, sans transbordement, vers la Plata, Montevideo, Buenos-Ayres.
On estime que la durée complète du voyage, y
compris le temps de séjour dans les ports
d'escale, ne dépassera pas trente-cinq jours,
dans les conditions ordinaires de la navigation [10].

Enfin, un service bien autrement important
encore, au point de vue des perspectives immenses qu'il ouvre au commerce de Marseille,
est le service de l'Indo-Chine, concédé à la
Compagnie des Messageries impériales, et qui a
été récemment inauguré [11].

Les deux lignes de l'Indo-Chine, dont le parcours annuel ne représente pas moins de cent
mille lieues, sont destinées à desservir : l'une, de
Marseille à Shang-Haï et à Yokohama, Messine,
Alexandrie, Suez, Aden, Pointe de Galles, Singapore, Saïgon, Hong-Kong : l'autre, de Marseille à Calcutta, Pointe de Galles, Pondichéry,
Madras. Une troisième ligne aboutit à Batavia.

Ces trois lignes sont destinées à mettre Marseille en communication directe et prompte avec l'extrême Orient et à dégager la France des servitudes qui la rivaient, jusqu'à ce jour, au bon vouloir de la Compagnie péninsulaire anglaise, pour le transport de ses dépêches de Calcutta, Bombay et Suez. Elle est aujourd'hui en mesure de recevoir directement ces dépêches: de Suez, en neuf jours; de Bombay, en vingt-six; de Calcutta, en trente-deux jours.

Marseille a conquis, par cet ensemble de moyens nouveaux de transport, l'inestimable privilége de porter le ferment de la civilisation française en Grèce, en Syrie, en Palestine, à Jérusalem (par Jaffa), en Egypte, dans les ports principaux de la Turquie d'Asie, de la mer Noire, et de pénétrer jusqu'aux rivages les plus lointains de l'extrême Orient, dans l'Inde et la Chine, où notre pavillon n'apparaissait qu'à de longs et rares intervalles.

Ce qui avait paralysé jusqu'à ce jour et rendu presque stériles nos relations commerciales avec l'Inde et la Chine, c'est surtout la difficulté de trouver un fret de sortie. Cette fâcheuse lacune est sur le point de disparaître.

Au nombre de toutes ces bonnes fortunes que lui présage l'avenir, Marseille jouit encore du précieux avantage d'être presque adossée à des bassins houillers d'une richesse inépuisable. Ce sont: les mines de la Loire (Saint-Etienne, Rive-de-Gier); du Gard (Portes et Sénéchas, Bességes, Robiac, Bordezac, la Grand'Combe, la Levade et la Trouche, Trescol et Puzor, Champclauson, etc.); de l'Aveyron (Graissessac); des Bouches-du-Rhône (Fuveau).

Grâce à l'abondance des extractions de ces mines, la métropole de la Méditerranée est parvenue à éliminer presque entièrement les charbons anglais qui, naguère encore, inondaient son marché.

Il a été constaté que l'extraction annuelle des houillères du Gard s'est élevée, à elle seule, pour l'année 1864, à 1,200,000 *tonnes* environ, et pourra s'élever à DEUX *millions de tonnes* dans quelques années, par suite des sondages effectués et des concessions non exploitées.

D'autre part, puisqu'il est admis, comme axiome, que c'est *le transport qui fait le prix de la houille*, il est incontestable que dès que le port du *Grau du Roi*, près d'Aiguesmortes, sera relié par un chemin de fer aux bassins houillers du Gard, une économie de *deux francs* par tonne, qui représente à peu près le bénéfice de l'exploitation, sera réalisée sur le transport de chaque tonne, en destination pour Marseille *.

---

* Voir une excellente étude de M. l'ingénieur Lenthéric sur le port d'Aiguesmortes, considéré comme port houiller.

Il en sera de même du transport des charbons de la Loire, par le canal Saint-Louis.

Dans l'état actuel, le charbon pris sur le carreau de la mine, à Saint-Étienne, coûte de fr. 10 à fr. 14 la tonne; le transport par le chemin de fer et les menus frais à l'embarquement sont de fr. 15, 15 c., ce qui porte le prix du charbon de la Loire, à Marseille, à fr. 29 15 c. pour la première qualité, et à fr. 25 15 c. pour la deuxième.

Une fois le Rhône ouvert à la mer par le canal Saint-Louis, le prix du charbon de Saint-Étienne, arrivé à Givors par le chemin de fer, moyennant fr. 2 80 c. par tonne, ajoutés au prix de la tonne sur le carreau de la mine, ne s'élèvera plus, arrivé à Marseille, qu'à fr. 21 88 c. pour la première qualité, et fr. 17 88 c. pour la seconde qualité, au lieu de fr. 29 et fr. 25, ce qui représente une économie de près de *neuf francs* par tonne, sans frais de transbordement ni de camionnage, et cette économie sur le transport permettra d'offrir les houilles françaises, à Alexandrie, Smyrne et Constantinople, à fr. 32 et fr. 27.

Nous n'aurons plus, dès lors, à craindre la concurrence des Anglais, qui se servent de leurs charbons de Newcastle, Sunderland, Cardift, Newport, etc., comme lest de sortie et vont charger, pour leur retour, dans les ports de la Méditerranée, des marchandises lourdes et encombrantes, telles que céréales et cotons.

Marseille sera bientôt ainsi en mesure de suffire non seulement à tous ses besoins avec des charbons français, mais encore d'alimenter et de vivifier par le fret de sortie qui lui manque ses transactions commerciales avec l'Inde, la Chine, Alexandrie, Beyrouth, Constantinople, et d'importer, au retour, les soies du Bengale, les cotons de l'Inde et de l'Egypte, les graines oléagineuses de Syrie, les huiles de

Turquie, les céréales de la Crimée à un fret si modéré, que nulle autre marine ne pourra rivaliser avec la métropole de la Méditerranée.

C'est ici le lieu de donner quelques développements à l'entreprise la plus considérable des temps modernes, et de dire ce que le percement de l'isthme de Suez est susceptible d'ajouter de puissance et de sève au génie navigateur de Marseille [12].

Par un retour inespéré de fortune, le bassin de la Méditerranée et de la mer Rouge, qui a été, dans l'antiquité, le berceau de la civilisation, qui l'a vu passer de l'Egypte à la Grèce, de la Grèce à l'Italie, de l'Italie à la France et à l'Espagne, cet heureux périmètre favorisé de tous les dons du ciel, autour duquel ont surgi les plus magnifiques chefs-d'œuvre de l'esprit humain, dans l'ordre religieux, moral, dans les sciences, les lettres et les arts, est sur le point de recevoir de la France cette même civilisation, agrandie, épurée, et de se réveiller de son long sommeil au contact de nos mœurs, de nos idées, de nos arts mécaniques les plus perfectionnés, de nos plus savantes découvertes. Par une singulière coïncidence non moins inattendue, c'est à Marseille, colonie grecque. qui, la première, initia l'Europe encore enveloppée de barbarie au progrès oriental, que doit aujourd'hui revenir l'insigne honneur d'être de nouveau, en Orient, l'initiatrice de nos progrès modernes et d'y implanter l'étendard de la France qui semble prédestiné à accomplir une sorte de résurrection dans l'ancien monde.

Si la Méditerranée, l'Egypte, la mer Rouge figurent, dans le passé, ce que l'antiquité offre de plus glorieux, de plus impérissable, elles nous montrent, dans le présent, les plus graves intérêts politiques, militaires, maritimes, économiques et commerciaux qui gravitent vers leur sphère d'attraction.

Une seule chance de grandeur manquait à la Méditerranée, c'était d'être ouverte, à l'est, sur la mer Rouge et la mer des Indes, comme elle l'est, à l'ouest, sur l'Atlantique.

Derrière l'isthme de Suez, est tout un immense hémisphère qui ne ressemble en rien à l'Europe, et qui, par ses contrastes si vivement accentués, lui prépare un champ illimité d'échanges dont la lenteur et la difficulté des transports avaient entravé jusqu'ici l'issue. Les navires de l'Europe n'ont communiqué jusqu'à notre époque avec les Indes que par un détour, au moyen duquel ils allaient reconnaitre les côtes du Brésil, doubler le cap de Bonne-Espérance et prendre l'ile de Ceylan pour centre et pivot de la navigation de l'Océan indien. La longueur moyenne de ce trajet est évaluée à 6,900 lieues. Le percement de l'isthme de Suez, par la construction du canal maritime, est sur le point de réduire aujourd'hui cette même distance à 3,200 lieues, c'est-à-dire à près de moitié. Une abréviation de cette importance est donc un premier bienfait acquis à toutes les relations maritimes de l'Europe avec les Indes et les contrées situées au delà, comme la Chine et l'Australie.

Le projet d'ouvrir à la grande navigation l'étroite langue de terre qui sépare la Méditerranée de la mer Rouge ne date pas, du reste, de nos jours, et remonte aux temps les plus reculés.

Le canal du Nil à la mer Rouge fut entrepris par Neko *, fils de Psammétique, et achevé

---

* Avant Neko même, on connaissait, en Egypte, la possibilité de faire, sans obstacle, le tour de l'Afrique. D'après Hérodote, Neko dit nettement aux Phéniciens « qu'ils devaient revenir en Egypte à travers les colonnes d'Hercule. » Hérodote et Diodore de Sicile citent expressément trois des stèles que Ramsès-Méiamoum établit pour conserver le souvenir de ses victoires dans les pays qu'il avait parcourus, « une

par Darius, fils d'Hystaspe, que l'Ecriture nomme *Assuérus*, 510 ans, au moins, avant l'ère chrétienne.

Déjà, sous Ramsès II, un essai de ce genre avait été tenté, pour faciliter sans doute les communications avec la partie de l'Arabie d'où provenait le cuivre, originaire de la presqu'île du Sinaï, dont les mines étaient situées près de Oouadi-Mégara.

dans la Palestine de Syrie, et deux dans l'Ionie, sur le chemin d'Ephèse à Phocée et sur celui de Sardes à Smyrne. » Or, on a trouvé, en Syrie, sur un rocher situé au bord du Lycus, non loin de Beyrouth (Berytus), un bas-relief qui porte plusieurs fois le nom de Ramsès, et un autre, plus grossier, dans la vallée de Karabel, près de Nymphio, sur la route qui, selon Lepsius, conduisait d'Ephèse à Phocée. — Strabon cite un monument de Sésostris, situé près du détroit de Deire, aujourd'hui Bab-el-Mandeb. Il est d'ailleurs très vraisemblable que déjà, *dans l'ancien empire d'Egpte,* plus de 900 ans avant Ramsès-Méiamoum, les rois égyptiens avaient fait de semblables expéditions en Asie.

« Ce canal, dit Hérodote, est alimenté par le Nil ; il en est dérivé, un peu au dessus de Bubaste, et aboutit à la mer Erythrée *, près de Patymos, ville de l'Arabie ; il a quatre journées de navigation de longueur et assez de largeur pour que deux trirèmes y passent de front. »

Le canal des Pharaons fut, plus tard, obstrué et emporté par les sables, pendant les vicissitudes diverses au milieu desquelles s'éteignit leur race, et celui dont les Romains ont été témoins, fut l'ouvrage de Ptolémée Philadelphe (260 ans avant Jésus-Christ) ; sans être à cette époque navigable toute l'année, malgré le système ingénieux d'écluses qu'on y avait établi, il n'activait pas moins déjà le commerce de l'Ethiopie, de l'Arabie et de l'Inde, jusqu'à la domination romaine. Ce fut aussi

* Mer Rouge et golfe Persique.

dans le dessein de multiplier les relations commerciales des peuples de l'antiquité avec la mer Rouge, que l'on creusa avec grand soin des ports à Myos-Hormos et Bérénice, et que l'on mit celui de Bérénice en communication avec Coptos par une magnifique chaussée *.

* Dans l'antiquité, les marchandises de l'Inde , de l'Arabie, de l'Ethiopie, de la côte d'Afrique , arrivaient à Alexandrie, les unes, apportées à dos de chameau de *Myos-Hormos* (au nord de Cosséïr) , puis transportées sur le Nil ; les autres, venues par canaux du fond du golfe de Suez, ou amenées du port de *Bérénice* sur la mer Rouge. L'occupation de cette mer par les Egyptiens avait mis un terme aux pirateries des Arabes et permis de fonder de nouveaux comptoirs. L'Inde fournissait les épices , les mousselines et les matières tinctoriales ; l'Ethiopie, l'or, l'ivoire et le bois d'ébène ; l'Arabie , les parfums. Tous ces produits étaient échangés contre ceux qui arrivaient du Pont-Euxin et de la mer Occidentale. L'industrie indigène des tissus imprimés et brodés , celle des verreries , prirent, sous les Ptolémées, un nouveau développement. Les objets exhumés des tombeaux de cette époque , les peintures qui les décorent , les mentions consignées dans les textes hiéroglyphiques et les papyrus

L'empereur Adrien, qui régnait l'an 120 de l'ère chrétienne, restaura le canal de Ptolémée; enfin, le calife Omar le fit recreuser, l'an 625, par Amrou, sultan d'Egypte, et la navigation y fut en pleine activité jusqu'en 775, époque où elle fut interdite par le calife Abou-Giafar-Al-Mansour.

Dans nos temps modernes, il n'est pas jusqu'au grand Leibnitz lui-même, jusqu'à Louis XIV et Napoléon Ier, qui n'aient été frappés des merveilleux avantages qu'il y aurait pour l'Europe à remettre à flot cette voie si féconde de communication.

Ce que n'avaient pu conduire à bonne fin

grecs prouvent que les genres d'industrie les plus variés étaient exercés dans le royaume des Pharaons et avaient atteint un haut degré de perfection. L'excellence des produits, la finesse du travail attestent l'intelligence des ouvriers.

(*Histoire de Jules César*, de Sa Majesté Impériale Napoléon III, t. I, p. 132 et 133.)

les Pharaons , il y a plus de 2300 ans ; les
Romains , 120 ans après Jésus-Christ ; les cali-
fes , au moyen âge ; Leibnitz , Louis XIV et
Napoléon Ier, dans nos temps modernes ; ce qui
n'était encore qu'un projet vague, il y a dix
années à peine, et suscitait, de part et d'autre,
des susceptibilités passionnées, des controverses aujourd'hui surannées et laissées dans l'ou-
bli, est à la veille de s'accomplir, sous le règne
de Napoléon III, si fécond en œuvres d'intérêt
universel. Grâce à l'indomptable fermeté, à la
trempe de fer de l'un des plus vaillants athlètes
de la France, de ces pionniers opiniâtres du
bien public, dont la virile énergie s'accroît de
toute la résistance des obstacles qu'ils rencon-
trent sous leurs pas, de M. de Lesseps, ce projet, qui n'était, naguère encore, qu'un champ
clos ouvert aux hypothèses de la science, est
sur le point de recevoir une solution définitive,
dans trente mois , au plus.

Déjà même on annonce que la navigation est désormais ouverte, en partie, dans le canal maritime de Suez ; un navire de 80 tonneaux, *le Primo*, venant de Trieste, a traversé ce canal et a pu faire son entrée, le 17 février 1867, dans la mer Rouge ; un autre vapeur anglais de 600 tonneaux est arrivé de Bordeaux à Port-Saïd, pour Suez.

Il ne nous appartient pas d'entrer dans les détails techniques et dans les difficultés aujourd'hui vaincues qu'a entraînées l'exécution d'une œuvre aussi gigantesque.

D'autres, parmi lesquels on trouve toujours, en première ligne, M. Paulin Talabot, partout où un grand travail d'utilité européenne est en voie d'enfantement, l'ont fait avec une autorité, une supériorité de vues qui ne laissent rien à désirer.

Il ne nous appartient pas davantage de dérouler les larges perspectives que présente

pour le commerce du monde en général, l'ouverture de ce canal.

Nous sommes réduits, par la nature même
de notre sujet, à ne mettre en relief ici que les
résultats que la métropole de la Méditerranée,
et la France avec elle, sont fondées à attendre de
ce levain inouï d'activité, de cet épanouisse-
ment de forces génératrices, de cette nouvelle
croisade du travail qui remuent l'antique sol de
l'Egypte. Nous devons nous borner à indiquer
ce que la ville des Phocéens pourra surtout recueillir de ressources inexplorées dans les contrées les plus lointaines de l'Indo-Chine et de
l'extrême Orient, grâce aux luttes incessantes
de nos plus habiles ingénieurs, à l'intarissable
fécondité de leur esprit inventif, qui viennent
de transfigurer le littoral de la mer Rouge et
la vieille terre des Pharaons

Marseille, qui entretenait déjà des relations
assez fructueuses avec l'Egypte, Alexandrie et

le Caire, a vu récemment se fonder, à six ou sept jours de distance de ses portes, quatre ou cinq nouveaux centres d'affaires que la Compagnie de l'isthme de Suez, par la prodigieuse impulsion qu'elle a imprimée à son entreprise, a fait surgir, comme par enchantement, de lieux naguère encore déserts dans le Delta.

Il faut citer, au premier rang, Port-Saïd, point extrême, où aboutit le canal maritime de Suez, de la mer Rouge et des fontaines de Moïse à la Méditerranée ; Zagazig, devenu le tronçon du canal d'eau douce, avec prise d'eau et barrage sur la branche tanitique du Nil ; Ismaïlia, autrefois appelée Timsah, qui forme le principal et le plus riche marché de coton de l'Egypte, et qui est destinée à devenir la capitale du désert ; trois beaux villages, Abbassieh, Tell-el-Kébir et Ras-el-Ouady, sans parler de plusieurs hameaux et d'un grand nombre de fermes isolées ; Suez, enfin, cette métropole de la mer Rouge, qui est en voie de devenir un centre commercial de premier ordre. L'eau douce, qui porte avec elle la fertilité et la salubrité, vient de lui donner le seul élément de bien-être qu'elle avait à envier, et lui faciliter le moyen de combattre l'action délétère du sable du désert et de la chaleur torride du sol de l'Afrique.

Port-Saïd a reçu, depuis le 15 juillet 1865, jusqu'au 15 juin 1866, 596 navires, d'une contenance de 108,596 tonneaux, soit environ 300 tonneaux par jour.

Le dénombrement de ces arrivages de navires, à partir de l'origine des travaux de Suez, a donné au commerce un aliment d'une importance très significative qui mérite d'être signalée. Il a été constaté, en effet, que, depuis que ce port a été créé, il a reçu 2,631 navires, jaugeant 468,687 tonneaux, et que ce havre de débarquement et de relâche est supérieur à tous les autres mouillages des côtes d'Egypte et de Syrie.

La France, l'Autriche, la Grèce, la Turquie
et l'Egypte ont figuré dans ce mouvement
pour le plus grand nombre de navires. Il est à
remarquer que la France est au premier rang, et
qu'elle a pris part pour 500 navires et 100,000
tonneaux, dans cette nouvelle joûte du pavillon
international.

Outre le service régulier à vapeur qu'ont
organisé, entre Alexandrie et Port-Saïd, MM.
Borel et Lavalley, en correspondance avec les
Messageries impériales, ce dernier port est
touché, trois fois par mois, par les bateaux
de MM. Fraissinet, de Marseille, et, deux fois
par mois, par la Compagnie impériale russe de
navigation à vapeur et de commerce.

Pour se faire une idée de ce que les travaux
de Suez ont communiqué d'élan aux forces
productives de l'Egypte, il suffit de mentionner
le fait qui suit :

L'exportation du coton originaire d'Egypte,

inaugurée, en 1820, sur le marché français par notre compatriote Jumel, au moyen d'un modeste envoi de 2,841 kilogrammes, cette même exportation qui n'avait guère dépassé, en 1845, 10 millions de kilogrammes, vivifiée et surexcitée à la fois par le percement de l'isthme et la crise américaine de 1861, s'est élevée, en 1863, au chiffre énorme de 150 millions de kilogrammes, qui dépasse les besoins de la consommation française.

C'est là, pour Marseille, une ressource incalculable de matière encombrante, de nature à défrayer son fret de retour.

Jeu bizarre de la destinée providentielle des peuples! on dirait que la chaîne des temps se renoue, que les nouveaux jours sont appelés à donner la main aux jours anciens et que des profondeurs des annales bibliques, des patriarches hébreux, à l'état de pasteurs, du fameux passage de la mer Rouge, il nous arrive aujourd'hui, sous d'autres formes, on ne sait quel reflet, quelles réminiscences de leurs méthodes agricoles, de leurs plus antiques et mémorables souvenirs.

C'est ainsi que Zagazig et Ismaïlia, qui composent le beau domaine de l'Ouady, où la Compagnie de Suez a posé le premier jalon de son entreprise, ont été fondées et fertilisées par le canal d'eau douce, dans cette même partie du désert qui fut jadis la terre si florissante et si réputée de *Goschen*, vulgairement dite *Gessen*. Une colonie très laborieuse de Bédouins, appartenant aux tribus errantes du désert et renonçant à leurs mœurs aventureuses, s'y est implantée depuis peu, et demande aujourd'hui, comme du temps de Jacob, aux travaux agricoles et sédentaires le bienfait de l'aisance et de la sécurité. On en compte déja près de 800 familles, qui comprennent 3,600 individus. auxquels on a concédé 6,132 hectares de terre actuellement en plein rapport.

Il serait très curieux de voir que les tribus nomades de l'Arabie, attirées, de proche en proche, par un genre de vie si nouveau pour elles, en vinssent à renouveler les prodiges opérés par les races sémitiques.

Ce n'est pas tout : des noms de ville autrefois très problématiques, presque oblitérés et relégués dans les travaux érudits de l'exégèse, tels que : Raamsès et *Pitom* *, qui figurent les temps les plus durs de la servitude des Hébreux en Egypte **; *Pi-Hariroth*, situé entre Migdol et la mer Rouge ***, vis-à-vis *Baal-Tséphon*,

---

* Le chevalier Marsham appelle ces deux villes Tunis et Peluse. — L'étymologie de Pitom vient de deux mots hébreux, qui signifient : *Bouche des abîmes*. — Les Septante confondent cette ville avec Héliopolis.

** Ce fut sous le second successeur de Ramsès-Méïamoum, sous Sétos II, de la 19e dynastie, que Moïse sortit d'Egypte, 1300 ans avant notre ère.

*** *Pi-Hariroth*, qui signifie en hébreu *la Bouche des rochers*, n'est autre que le château d'*Ageroud*,

Soucoth *, *Etam*, *Elim*, aux douze fontaines
et aux soixante-dix palmiers, qui leur servirent
de premières étapes, après les grands jours
de leur délivrance, ces noms ont acquis un
nouvel intérêt d'actualité, et les ruines de ces
anciennes villes de l'Ecriture sont devenues
tout autant de points précieux de repère dont
la Compagnie de Suez a fait l'objet de ses fouilles
et de ses plus savantes recherches. Il convient
de ne pas oublier non plus que c'est en Egypte
que la navigation a fait ses premières armes
avec les meilleures chances de succès dans le
monde de l'antiquité. Ses plus vieilles parois
hiéroglyphiques retracent des procédés de constructions navales, des combats maritimes, des
abordages de bâtiments, des convois, des
flottes entières ; les hypogées de Riban-el-

situé à quelques lieues de Suez, où Bonaparte est
passé à son retour de cette ville au Caire.

* *Soucoth*, signifie *tentes*, en hébreu.

Molouk, la salle hypostile de Karnac, l'hippo-
drome de Médinet-Abou, le memnonium si
vivement ressaisi par Crapelet, les temples
d'Esneh, d'Ombos et d'Ebsamboul conservent
tous sur leurs murs encore debout la preuve
sculpturale de cette aptitude première de
l'Egypte à naviguer.

Sous Ptolémée II, la flotte égyptienne pro-
prement dite comprenait cent douze vaisseaux
de premier rang (de cinq jusqu'à trente rangs
de rames), deux cent vingt-quatre de second
rang et bâtiments légers; le roi avait, en outre,
plus de quatre mille navires dans les ports pla-
cés sous sa sujétion. Ptolémée IV Philopator fit
construire un navire de *quarante rangs de
rameurs* qui avait *deux cent quatre-vingts* coudées
de long et *trente* de large *.

* *Histoire de Jules César*, de Sa Majesté Impériale
Napoléon III, t. i, p. 132 et 133.

Le superbe domaine de l'Ouady, traversé dans toute sa longueur par le canal d'eau douce, renferme actuellement 11,000 âmes, dont 7,000 Arabes, Fellahs, 3,300 Bédouins, et le reste en colons d'origine diverse et Européens.

Tell-el-Kébir est comme le chef-lieu de ce petit district; Abbas-Pacha y a fait construire une assez belle maison de plaisance : rien de plus frais ni de plus gracieux que ce site privilégié; rien ne donne mieux l'idée de ce que sera, un jour, l'isthme tout entier, partout où l'eau douce aura pu pénétrer.

Le domaine de l'Ouady est destiné à rendre les plus grands services, et il en rend chaque jour, par l'abondance et la variété de ses produits, en fruits et légumes de toute sorte.

En dehors des germes si précieux de fécondité que la Compagnie de Suez a déjà semés en Egypte, sur le littoral de la Méditerranée et de la mer Rouge, Marseille sera bientôt en voie de s'approprier une moisson d'échanges bien autrement considérable, par suite des communications si rapides que cette Compagnie va mettre à sa portée avec l'Indo-Chine et l'extrême Orient.

Tel qu'il est, le mouvement du commerce anglais, hollandais, français, espagnol et portugais, au delà du Cap, est évalué à 2 millions de tonneaux [13].

La France y figure pour 500 millions de francs ; Marseille, pour 30 millions environ. Ce chiffre n'est inférieur que de 134 millions au commerce que nous entretenons avec l'Amérique du Nord, et il dépasse de 206 millions le chiffre de nos transactions avec l'Amérique centrale.

Il est hors de doute que notre commerce avec l'Indo-Chine et l'extrême Orient, s'accroîtra dans d'immenses proportions par le passage de Suez, l'abréviation qui doit en résulter, par rapport au cap de Bonne-Espérance, n'étant pas moindre, pour la Méditerranée, de soixante-cinq jours sur cent, et cette abréviation étant pour nous plus sensible que pour tout autre peuple.

Lorsque la Chine et le Japon ne seront plus qu'à deux ou trois mois de la Méditerranée, le champ de nos relations en recevra forcément un prodigieux essor. La durée des expéditions réduite de près du tiers, il est incontestable que le navire, l'équipage et le capital avec lesquels on ne pouvait faire jusqu'ici que deux traversées, par la voie du Cap, en feront quatre, par Suez. Des armements qui, par la longue attente des retours, les fortunes et les risques de mer, les nombreuses relâches. n'étaient accessibles qu'à des capitalistes de premier ordre, seront à la portée de concurrents plus modestes et plus nombreux. Les frais de transport baisseront par une multitude de combinaisons imprévues qui naîtront de la libre rivalité du grand nombre, dans une lutte où dominait, naguère encore, en suzeraine, l'aristocratie du capital.

Le prix des denrées coloniales, du sucre, du café, du thé se réduira dans de notables proportions, et nous nous acheminerons ainsi vers cet état désirable où des consommations qui forment encore aujourd'hui l'apanage presque exclusif de la richesse ou de l'aisance seront accessibles à toutes les classes.

Le xvie siècle a vu déserter les anciennes routes de l'Inde, pour la route du Cap de Bonne Espérance, par suite d'une simple facilité de transbordement acquise à cette dernière voie. L'ouverture de l'isthme de Suez peut rendre le xixe siècle témoin d'une révolution en sens inverse de l'œuvre de Vasco de Gama et de Christophe Colomb.

Par les routes actuelles, les produits de

l'Inde sont près de trois fois plus éloignés des marchés de l'Europe que de ceux de l'Amérique. Ils ne disputent pas moins l'approvisionnement des marchés européens au nouveau monde. Le retour de l'Indoustan alimente les manufactures de Manchester , concurremment avec les cotons des Etats-Unis , et la Hollande importe le sucre et le café des îles de la Sonde, malgré la distance plus courte de la voie qui pourrait lui procurer les mêmes denrées originaires des Antilles et du Brésil.

A côté de l'intérêt public qui commande aux nations de donner la préférence à leurs colonies, il y a encore une autre cause, qui tient à ce que le sol est plus fertile et les méthodes de culture bien plus puissantes dans le midi de l'Asie qu'en Amérique. Aux Indes, les cultivateurs se composent, presque en totalité, d'indigènes, et la race chinoise, entreprenante, opiniâtre au travail, leur prête un très utile appoint.

Les échanges avec les contrées du Bengale
sont, par conséquent, appelés à devenir bien
plus actifs et bien plus profitables qu'avec l'A-
mérique. Ces contrées ont, en outre, l'avantage immense d'être sur la voie de la Chine et
de l'Australie, supérieures à l'Europe : l'une,
en étendue, l'autre, en population.

Tout ce que produit l'Amérique peut d'ailleurs se recueillir en deçà de Ceylan, et il ne
sera pas nécessaire d'aller chercher le café
dans cette île, lorsque, par le port de Marseille,
Moka et l'Abyssinie en sont à moitié chemin.

L'ouverture de l'isthme de Suez aura donc
pour résultat infaillible d'attirer sur la mer
Rouge, la côte orientale d'Afrique, Madagascar
et les Indes orientales, une grande partie du
commerce actuel de l'Europe avec les Indes, et
l'ancien monde pourra, dès lors, concentrer en
lui-même des forces, des capitaux qu'il répand
sur le nouveau, et, par une conséquence natu-

relle, les émigrations des peuples se feront par des routes peu frayées et peu connues jusqu'ici.

Si le passage de l'isthme de Suez est destiné à renverser, dans l'intérieur de l'Europe, la direction des courants du commerce des produits équinoxiaux, et doit absorber une notable partie du mouvement maritime de l'Atlantique, cette interversion de rôle atteindra bien plus profondément encore, et sous des points de vue bien différents, les peuples dont la Méditerranée baigne le territoire, et c'est la France qui occupe le premier rang parmi ces peuples.

Appuyée sur Marseille, Toulon, Nice, la Corse, l'Algérie ; maîtresse sur le revers méridional de l'isthme de Suez, de l'île Bourbon, de Pondichéry, de Karical, d'Yanon, sur la côte de Coromandel; de Mahé, sur celle de Malabar ; de Chandernagor, sur la rive du Gange; ayant, depuis bien des années, le droit d'établir des forteresses à Surate, Mascate et Moka, France et Marseille sont plus intéressées qu'aucune région maritime à l'abréviation des distances qui les séparent du monde indien.

Pondichéry était, autrefois, une magnifique capitale; son territoire occupait un littoral de 10 lieues, sur une profondeur à peu près égale, et renfermait 500,000 habitants, environ : son commerce consiste principalement en toiles bleues, connues sous le nom de *guinées*, et plus estimées que celles des autres ports de l'Inde. Pondichéry fabrique également des mouchoirs à vignettes fort appréciés, des basins et des cambayes ordinaires pour Manille.

Le mouillage de Mahé offre une sûreté parfaite; il est situé à l'entrée d'une petite rivière qui porte bateau à plus de 20 lieues dans les terres, et facilite le transport du poivre récolté dans l'intérieur du pays. Chandernagor a été, autrefois, l'entrepôt d'un très riche commerce de la France avec le Bengale.

Il n'est pas douteux que, par le passage de l'isthme de Suez, Marseille donnera une nouvelle vie à ces anciennes possessions françaises, témoins de nos plus glorieux exploits maritimes, où Dupleix, Mahé de La Bourdonnais, Suffren ont laissé tant d'échos de leurs immortels trophées, et que nous avions presque désappris à fréquenter.

En outre, malgré le voisinage, la réciprocité de ressources et de besoins qui naît de la différence des latitudes, nous étions restés presque étrangers jusqu'ici au commerce de la mer Rouge. Ce commerce est appelé à devenir, ainsi que nous l'avons vu, l'une des principales branches de la prospérité de Marseille. L'Arabie heureuse et l'Abyssinie lui préparent des ressources à peine connues de nos jours, mais dont les témoignages de l'antiquité attestent l'étendue. Néanmoins, c'est, avant tout, comme ⌐oute de la mer des Indes et de la Chine que l'ouverture de la mer Rouge nous importe ; au moyen de cette nouvelle voie, le goût des expéditions lointaines, qui caractérisait autrefois le génie marseillais, refleurira chez eux, grâce au service récemment inauguré des paquebots de l'Indo-Chine, qui nous a affranchis des lenteurs et des embarras que suscitait à notre commerce la Compagnie péninsulaire des Anglais.

Il est facile, d'ailleurs, de se rendre compte de ce que ce service est susceptible d'ajouter de forces vives à la prospérité de Marseille, par l'extension inusitée que nos rapports avec la Chine et le Japon seulement ont prise depuis une vingtaine d'années[14].

En 1852, à peine quelques milliers de kilogrammes de soies de Chine furent expédiés à Lyon, à titre simple d'essai. En 1861, il est entré en France plus de 3 millions de kilogrammes de ces mêmes soies, reconnues indispensables pour combler les lacunes de notre production indigène. En portant à fr. 66 la valeur moyenne du kilogramme, on obtient un chiffre de près de 200 millions de francs.

Ces soies, que Lyon recevait naguère encore, pour la plus grande partie, par la voie de Londres, au lieu de subir la cascade des intermédiaires et des consignataires qui renchérit d'autant la valeur de la matière première, pourront désormais arriver directement sur le marché de Marseille, par la voie des paquebots de l'Indo-Chine.

Il est vrai de dire que, depuis 1861, la fabrication lyonnaise éprouve un temps d'arrêt et traverse une crise assez difficile à combattre; mais ce n'est là sans doute qu'un mal provisoire, qui devra se cicatriser avec le temps. On connaît le nombre considérable de cartons de graines de vers à soie du Taïcoum qui a été distribué dans nos contrées séricoles, en 1866, grâce à la haute sollicitude de l'Empereur, qui porte un intérêt si sérieux aux éducateurs du Midi, cruellement éprouvés par la pébrine, et à la sagacité prévoyante de notre ministre plénipotentiaire au Japon, M. Roche, qui l'a si bien secondé dans ses vues d'intérêt national.

A part la soie, les graines de vers à soie et les cocons, la France reçoit actuellement de Chine plusieurs substances nouvelles qui lui étaient inconnues jusqu'à ce jour : 700,000 kilogrammes de gutta-percha, 2 millions de kilogrammes de gambier, 4,000 kilogrammes de *lokao* ou *vert de Chine*, autrement dit *vert-vénus* [1].

En outre, l'exportation des produits des fabriques de Paris, Elbeuf, Amiens, Beauvais, Rouen, Saint-Etienne ont fait acte de présence, à plusieurs reprises, sur les marchés chinois.

En 1847, des assortiments de draps et de serges en laine, fabriqués à Beauvais et destinés à l'habillement de l'équipage de la flotte et des troupes annamites, ont pénétré jusqu'à Houé-Fo.

Une maison considérable de Lyon, dirigée par un commerçant du plus haut mérite, M. Desgrands, fait aujourd'hui des essais d'envoi en Chine de cotonnades rouges et bleues, qui se distinguent par le bon marché, cet éclaireur si profitable des articles de notre commerce de luxe.

Le service des paquebots de l'Indo-Chine est, de plus, approprié à desservir directement les colonies de la Réunion et de Maurice, avec lesquelles nos rapports ne manquent pas d'une certaine activité.

L'Inde, et notamment Calcutta, d'où nous tirons une grande quantité d'indigo et tant d'autres produits des grands ports de l'archipel indien : Singapore, Batavia, Manille, Bangkok, avec lesquels nos transactions commerciales sont déjà en mesure de grandir, l'Australie, enfin, avec laquelle il nous sera facile de contracter d'étroites affinités, forment tout autant de nouveaux centres d'affaires dont il est impossible de mesurer l'étendue, eu égard à la place de Marseille, par suite de l'ouverture de l'isthme de Suez.

Il y a quinze années à peine, nos fabricants étaient réduits à s'approvisionner, aux ventes publiques de Londres, de 30,000 balles de laine d'Australie nécessaires à l'industrie des tissus français. Il sera facile, à Marseille, sous peu, de recevoir directement ces laines par les navires à voiles de Suez.

Si, dans une période aussi courte de temps, la France a fait, pour son commerce avec l'Indo-Chine, de pareils progrès, alors qu'elle était réduite à passer par la filière de la Compagnie péninsulaire et des banques anglaises : si elle n'est encore qu'à son début dans cette voie fertile en avenir, à quoi ne faut-il pas s'attendre, depuis qu'elle est nantie de ses paquebots directs, qu'elle peut organiser des banques, des établissements de crédit, des stations navales de ravitaillement à elle propres, et que l'ouverture de l'isthme, dans trente mois environ, lui promet une abréviation de distance de deux tiers !

On évalue à 4 millions de tonneaux la circulation d'une foule d'objets de transport, les uns connus, les autres latents, que le commerce européen est dans le cas d'atteindre par le canal maritime d'Alexandrie à Suez. Serait-il trop téméraire de présumer que la France et Marseille prendront une part d'un million de tonnes dans cette passe d'armes européenne et pacifique du tiers pavillon qui se prépare à Suez ?

En résumé, l'achèvement de l'entreprise de

Suez aura pour conséquence inévitable et certaine de faire de Marseille l'un des plus riches entrepôts des soies de Chine, du Japon et du Bengale, des laines de l'Australie, des cotons de l'Inde et de l'Egypte, des sucres de Bourbon, des copras du Zanzibar, des vachetes et riz de la côte du Coromandel, des poivres de Sumatra, dont elle eut autrefois le monopole exclusif, des cafés de Moka et de Java, sans compter une foule de combinaisons, de transactions éventuelles dont aucune prévoyance humaine ne peut préciser l'avenir.

On s'est demandé s'il n'y avait pas eu quelque témérité à accumuler à Marseille si hâtivement, en une aussi courte période d'années, un nombre considérable de monuments, de voies nouvelles, de ports nouveaux, à souder une ville entièrement neuve à l'ancienne, prête à recevoir 100,000 âmes de plus que son état actuel ne comporte.

Si le tableau que nous venons de retracer de la métropole moderne de la Méditerranée est exact , si les prévisions des immenses perspectives qui l'attendent dans un temps très prochain ont des chances presque certaines de succès , ç'a été prudence à elle, plutôt que témérité. de ne pas se laisser déborder , à l'improviste, par un mouvement d'affaires qui ne trouverait pas , dans ses murs, toutes les facilités désirables pour se mouvoir en pleine liberté d'action.

Du reste, tout ce qui tient à cette cité apparaît en dehors des proportions ordinaires. Quand un nouveau projet voit le jour, on le dirait exagéré , de prime-abord. Lorsqu'on le réalise , il est à peine suffisant pour répondre aux besoins imprévus que son génie expansif développe à vue d'œil.

D'autre part, Marseille étant la première ville de France, à la frontière du Midi, qui frappe les regards d'un concours considérable d'étrangers

de distinction venus des contrées les plus
lointaines d'outre-mer, il convenait, dans un
intérêt d'amour-propre national bien entendu,
de lui donner des allures dignes de la grandeur
du pays qu'elle représente.

Nous avons dit, dans notre *Histoire des Echelles
du Levant*, qu'il était utile pour un grand
centre maritime d'être adossé à la métropole
et de contracter avec celle-ci des liens intimes
de solidarité. Ces liens, devenus de plus en plus
étroits avec Paris, par la facilité plus rapide des
communications et un contact plus direct, ont
porté bonheur à la ville des Phocéens.

Marseille trouve aujourd'hui, dans les capitaux et la Bourse de Paris, un auxiliaire très
puissant, un patronage très actif pour fécon-
der ses entreprises et venir en aide à ses larges
améliorations que le budget municipal, livré à
ses propres forces, n'aurait jamais pu conduire
à leur entier accomplissement. Si la centrali-

sation trop étroite et trop tendue offre des in-
convénients réels pour les points éloignés du
centre, ces embarras disparaissent à la suite
des abréviations de distance ; le télégraphe
électrique et les chemins de fer placent aujour-
d'hui Marseille à quelques heures de la capitale.
Il en est résulté un échange d'idées et une com-
munauté d'intérêts qui leur sont également
profitables. Marseille rectifie, au contact de
Paris, ce que son esprit ancien avait de trop
personnel et de trop exclusif.

Paris, en fusionnant ses propes capitaux
avec ceux de Marseille, prend goût et s'initie,
de plus près, aux ressorts du commerce maritime ; il en apprécie mieux la haute importance, il se passionne pour sa splendeur.

Il importe encore de ne pas oublier qu'entre
Marseille et Paris, il ne peut plus y avoir,
comme autrefois, entre la langue d'oc et la langue d'oil, d'antagonisme de races. Ce sera

désormais une alliance féconde. La nouvelle Phocée n'a plus que quelques pas à faire pour s'assimiler le mouvement intellectuel et l'urbanité de la capitale; métropole du midi de la France, comme Paris est la métropole du nord, elle n'a que très peu d'efforts à tenter pour se hisser au niveau de cette dernière. La population marseillaise possède dans tous ses rangs de merveilleux trésors de verve, d'éloquence, de facilité, de rapidité surtout de conception, d'aptitudes natives pour les arts qui rappellent le génie ionique de ses ancêtres les plus civilisés. Elle joint à ces dons naturels une largeur d'idées, une tolérance peu commune pour les cultes, les mœurs, les usages qui ne sont pas les siens, un esprit aventureux, une fertilité d'expédients et de ressources, une manière grande et prompte d'entendre et de distribuer le crédit, de traiter les affaires les plus considérables qu'on ne rencontre pas partout et qu'elle a puisés dans son contact de plus de vingt siècles avec les étrangers de toutes les nations et dans le spectacle continu de la mer.

La mer, c'est le champ illimité où viennent s'épanouir les plus admirables desseins, les tâches les plus laborieuses qui soient capables de tenter l'intelligence humaine, qui soulève l'homme des étroits horizons, des vieilles ornières, où il n'est que trop enclin à s'étioler et à vivre, pour lui montrer les perspectives immenses de l'inconnu et du royaume de Dieu. C'est l'école des austères devoirs, des dévouements héroïques ; c'est elle qui porte dans ses flancs les destinées futures des peuples, qui réconforte leur sève et leur énergie.

Les résultats du percement de l'isthme de Suez, d'une si haute portée, au point de vue du commerce du monde, ne le sont pas moins, au point de vue des intérêts généraux de la politique et de l'humanité. Ces défaillances morales, ces mollesses de notre époque, cette soif insatiable d'escalader la fortune et le bien-être matériel à tout prix, ces difficultés sans nombre dont une concurrence ardente hérisse le début de toutes les carrières, commandaient à la France d'ouvrir aux générations nouvelles une vaste arène d'activité pour satisfaire à ce besoin fébrile d'action qui ne se replierait sur lui-même que pour troubler le pays et l'enrayer dans son glorieux.essor. Rien n'assainit les peuples et ne leur donne une trempe plus vigoureuse que la pratique des expéditions lointaines.

Il ne faut pas oublier non plus que la communication de la mer Rouge avec la Méditerranée est un acheminement vers la solution de quelques-uns des problèmes de prépondérance. européenne qui ont fait déjà verser tant de sang sous nos yeux. L'art de la guerre se réduisant, au dire du plus grand tacticien des âges modernes, de Napoléon Ier, à l'art d'arriver, à un jour donné, en force supérieure, sur le point stratégique où doit se dénouer le sort d'une campagne, c'est au peuple qui dispose du nerf moral le plus fort, des leviers les plus énergiques de locomotion, que doit, en définitive, appartenir le succès, et nous avons été, naguère encore, témoins de l'étroite affinité qui s'est établie entre l'action des armées de terre et les forces navales.

Enfin, il importe de ne pas perdre de vue que la guerre de Crimée n'a été, en quelque sorte, qu'une halte, dans l'ambition toujours persistante de la maison des Romanoff, pour tout ce qui tient au Bosphore, aux Dardanelles et à la mer Noire; ce sont toujours, bien qu'elle s'en défende, les mêmes convoitises qui s'opiniâtrent.

Cette vieille et grande question d'Orient,

dont on a si fort abusé, qu'elle provoque une sorte de satiété, est restée, dans l'esprit de quelques-uns, après la guerre de Crimée, ce qu'elle était avant ; nous sommes loin, pour notre part, de le croire, et, bien qu'elle semble parfois s'assoupir, la moindre étincelle peut encore la faire sortir, toute entière, de ses cendres.

Ce qui se passe aujourd'hui en Grèce, en Thessalie, en Crète, dans l'île de Candie, est grave, et peut, d'un instant à l'autre, motiver une intervention plus accentuée des puissances européennes.

Sans doute, il y a lieu d'espérer que la neutralité absolue du passage des deux mers, par les peuples européens et asiatiques, est de nature à raffermir les bases de la paix, dans le bassin de la Méditerranée, et à neutraliser les difficultés qui peuvent surgir dans son voisinage.

Qu'il me soit permis, à ce sujet, d'abriter cette espérance sous le haut patronage d'un auguste historien :

« *Le souvenir de l'ancienne grandeur du bassin de la Méditerranée, nous inspire un vœu bien naturel,* dit Sa Majesté Napoléon III, dans sa belle *Histoire de Jules César,* si féconde en enseignements, *c'est que, désormais, la jalousie des grandes puissances n'empêche pas l'Orient de secouer la poussière de vingt siècles et de renaître à la vie et à la civilisation.* »

Quoi qu'il advienne de ce vœu, auquel l'Europe entière devrait s'associer, il y a deux manières d'aller à la civilisation et de travailler à la grande unité de peuples et de races qui semble une loi écrite dans les décrets de la Providence : l'une, toute philosophique, toute morale, et l'on pourrait presque dire d'ordre divin, qui consiste à rapprocher les esprits, à mieux se pénétrer, s'entendre, se coordonner,

se tolérer réciproquement : l'autre , toute ma-
terielle, qui consiste à rapprocher les distances, les mers, les continents, les climats, les
produits , à effacer les barrières, les entraves
d'Etat à Etat. Ces deux lois, qui président au
progrès de l'humanité, concourent au même
but par des moyens différents. Loin de s'ex-
clure, de se dédaigner et de s'invectiver, elles
doivent s'entr'aider et se prêter un mutuel se-
cours : la première , sans l'appui de l'autre ,
n'aboutit souvent qu'à des controverses d'idéo-
logues et des agitations stériles ; la seconde ,
réduite à ses propres forces, si elle ne se régé-
nérait point sans cesse dans les profondeurs
de la pensée religieuse, de l'âme, de la vraie
science, s'étiolerait bientôt , et ne serait plus
qu'un levier mécanique sans valeur, mis en
mouvement par une force aveugle.

On comprend aujourd'hui, mieux que jamais,
les liens de solidarité qui rattachent les nations

les unes aux autres ; on sait, par expérience, qu'un peuple ne peut pas vivre longtemps heureux aux dépens d'un autre et qu'il n'a rien à gagner et tout à perdre dans l'appauvrissement et l'amoindrissement des contrées avec lesquelles il est en contact. On cherche aujourd'hui, plus que jamais, à fusionner le matériel des Etats, comme on cherche à répandre au loin le levain civilisateur dont nous sommes si fiers, et à si juste titre.

Sous le rapport religieux, la guerre de Crimée, quoiqu'elle laisse bien des problèmes en suspens, n'a pas moins eu, pour résultat positif, de rétablir chaque culte dans sa liberté d'action, dans la légitimité de ses droits et de ses priviléges respectifs ; sous le rapport politique, d'ajourner une menace qui tenait toute l'Europe dans un état de douloureuse anxiété ; sous le rapport militaire, grâce à la profonde sagesse de l'Empereur Napoléon III, d'avoir tenu haut le pavillon de la France et de l'avoir replacé au rang d'où il n'aurait jamais dû descendre ; sous le rapport du droit public , d'avoir fait pénétrer dans le code des nations de meilleurs principes de charité, d'équité ; sous le rapport maritime , d'avoir neutralisé la mer Noire , ouvert aux échanges un champ illimité d'action. De pareils résultats ont bien leur prix , et , en attendant mieux, il vaut bien la peine qu'on s'y retranche , ferme et fort, comme à une ancre de salut.

La communication de la mer Rouge avec la Méditerranée est un nouveau pas fait dans cette même voie.

Qui sait si, dans les desseins mystérieux de la Providence, cet Orient, qui a été autrefois l'asile des principes les plus virils et les plus onctueux de religion et de morale , le sanctuaire des chefs-d'œuvre les plus sublimes de la poésie et des arts ; qui sait si cette terre classique des plus grands jours et des plus vieux prodiges du monde, ne renferme point encore, dans quelques-unes des ruines éparses de son ancienne splendeur, quelque pierre angulaire, quelque souffle régénérateur susceptibles de donner une nouvelle impulsion au monde et de servir de clé de voûte et d'étendard à la fusion universelle des peuples, à la souveraineté de la loi et de la vraie cité de Dieu?

FIN.

NOTE 1

(p. 48).

OUVRAGES DE M. PEYRET-LALLIER

En dehors des mémoires de M. Peyret-Lallier sur la mer de Berre, les ports de Bouc et d'Arles, que nous avons signalés en note à la page 48, la bibliothèque d'Arles possède encore, en *imprimés* du même auteur :

1° *Coup d'œil sur le delta du Rhône*, 1837, in-8° ;

2° *Projet d'un chemin de fer d'Arles à Port de Bouc*, 1840, in-8° ;

3° *De l'avenir commercial du port d'Arles*, 1845, in-4°.

En manuscrits :

1° *Ancienne importance commerciale de la ville d'Arles.* — Recherches archéologiques sur la forme des navires de la Méditerranée dans l'antiquité et le moyen âge ;

2° *Recherches historiques sur le cours maritime du Rhône, ses embouchures et sur la formation de son delta ;*

3º Du canal d'Arles au port de Bouc et des projets d'amélioration de ce canal. — Des canaux maritimes construits en France et à l'étranger. — Canal des embouchures du Rhône, projet Poulle. — Description et devis des travaux à exécuter pour créer un canal maritime de grande dimension.

NOTE 2

(p. 52).

LES FOSSES DE MARIUS

VITESSE DU RHÔNE.

Quelques érudits pensent que le nouveau canal Saint-Louis que l'on est en voie de fonder, ne sera pas autre que l'ancien canal de Marius, autrement dit : *les Fosses de Marius*; ils invoquent à l'appui de leur opinion le témoignage de Plutarque, qui s'explique ainsi qu'il suit sur ce canal :

« Marius, informé que les ennemis (les Teutons) approchaient, se hâta de repasser les Alpes, et, ayant placé son camp sur le bord du Rhône, il le fortifia et le fournit d'une telle abondance de provisions de bouche que jamais la disette de vivres ne pouvait le forcer à combattre, s'il n'y trouvait son avantage.

Mais comme il fallait faire venir par mer toutes les provisions avec beaucoup de temps et de dépenses, il imagina le moyen d'en rendre le transport prompt et facile; car, les bouches du Rhône, à cause de l'obstacle que leur oppose la mer, reçoivent une grande quantité de limon accumulé sur ce point, limon refoulé sur une vase profonde par les vagues, ce qui rend l'entrée aussi difficile que laborieuse et même dangereuse pour les vaisseaux de charge. Marius, pour occuper son armée pendant ce temps de loisir, fit creuser un large canal dans lequel il détourna une grande partie du fleuve, qu'il conduisit jusqu'à un endroit du rivage sûr et commode. Le canal avait assez de profondeur pour contenir de grands vaisseaux et son embouchure dans la mer était calme et à l'abri du choc des vagues. Ce canal garde encore aujourd'hui, *le nom de Marius.* »

M. Ernest Desjardins', dans son *Aperçu historique sur les embouchures du Rhône*, en conclut: que Marius était campé sur le bord du Rhône, rive gauche; qu'il fit creuser un canal mettant la mer en communication avec le fleuve, beaucoup au dessus de la barre; que ce canal était considérable, large et profond, car Marius avait détourné une partie des eaux du fleuve dans ce lit artificiel, où les grands navires avaient accès; qu'il fut creusé par les soldats de Marius et qu'il a subsisté deux siècles, au moins; que les navires montaient de la mer au fleuve et descendaient du fleuve à la mer; que bien qu'il fût alimenté par les

eaux du Rhône, c'était un véritable canal maritime,
en ce sens que les navires y pénétraient de la mer ;
que la communication était primitivement directe, car
les atterrissements produits par le limon du fleuve
avaient déjà rendu les entrées difficiles, au premier
siècle de notre ère ; enfin, qu'il existait un étang au
dessus de l'embouchure du canal et qu'une montagne
séparait l'un de l'autre.

Pline l'Ancien, qui écrivait sous Vespasien (seconde
moitié du premier siècle), parle d'abord des bouches
du Rhône qui sont, pour lui, au nombre de trois ;
puis il mentionne *l'ancienne ville d'Héraclée*, aux
embouchures même du fleuve, dont on montre encore
aujourd'hui quelques débris plus ou moins authenti-
ques, dans les environs de Saint-Gilles ; enfin, il
ajoute : « Au delà (c'est-à-dire à l'est), les *Fosses* qui
partent du Rhône, travail célèbre de Marius et qui
porte son nom, l'étang *Mastramela*, *Maritima*,
(probablement, *les Martigues* d'aujourd'hui), etc. »

L'emplacement des *Fosses de Marius* aurait été,
d'après ces mêmes érudits, à la pointe Saint-Gervais,
an pied de Fos. On voit encore, au sud-est de l'étang
de *Valcarès*, dans la Camargue, près du mas des
Marquises, un des anciens lits du fleuve.

La route, depuis Septème, à moitié chemin entre
Marseille et l'ancienne *Calcaria*, aujourd'hui *Calas*,
est, presque en entier, l'ouvrage des Romains ; de
Calas, elle se dirigeait, en ligne droite, jusqu'au
magnifique domaine de Calissane, exploité assez ré-

cemment par un très habile agronome ; elle croisait
la route actuelle de Marseille à Salon, au pont de l'Arc
qui existait du temps des Romains ; de Calissane, la
voie Aurélienne suivait à peu près le chemin de Saint-
Chamas, en passant, comme aujourd'hui, au pont
Flavien et laissant sur la gauche, la ville d'*Astromela*,
à cause des marais dont elle était entourée ; de Saint-
Chamas, la voie remontait jusqu'à Marles (*Marii
statio*), d'où elle redescendait vers le sud, en suivant
la lisière de la Crau jusqu'à la pointe de la presqu'île
qui s'avance entre les étangs d'Engrenier et de l'Estomac : une partie du bourg des *Fosses* était bâtie sur
cette pointe. La voie Aurélienne contournait les marais
et la Crau.

La pente du Rhône actuel est seulement de 1^m785,
depuis le niveau de l'étiage du Rhône, sur le pont
d'Arles, jusqu'au niveau de la basse mer, aux embouchures du fleuve.

La vitesse moyenne du bas Rhône est de 0^m968
par seconde.

Le débit total du fleuve, au dessus d'Arles, est de
3,102 mètres cubes par seconde (le rhonomètre de
l'écluse d'Arles marquant 2^m66 et celui de l'écluse de
Beaucaire 2^m98) ; plus des 4/5 de cette quantité forment le bras principal qui absorbe exactement les
84/100 de l'ensemble des eaux.

Dans les plus hautes crues, le débit du grand Rhône,
à Arles, est de 8,400 mètres cubes par seconde , et ,
dans les plus basses eaux, de 504 mètres cubes.

D'après les calculs de M. l'ingénieur Surrell, le Rhône entier *verse annuellement à la mer un volume énorme d'eau de 54 milliards 236 millions de mètres cubes*. Son débit moyen, par seconde, ou son *module*, est de 1,718 mètres cubes.

La quantité de limon contenue dans un mètre cube d'eau, à Arles, est, pendant les crues, de... 1/7000
pendant les basses eaux, de............... 1/230
en moyenne, il est de. 1/2000

En tenant compte de la profondeur à laquelle on prend l'eau, de la quantité proportionnelle de limon contenu dans cette eau à chaque époque de l'année, pendant les grandes crues et pendant l'étiage, les calculs de M. Surrell l'ont conduit à fixer le chiffre de la *masse de limon annuel charrié par le Rhône à 21 millions de cubes*, ce qui donne 17 *millions* pour le bras principal d'Arles à la mer, ou *grand Rhône*.

Que de richesses perdues pour l'irrigation et l'amendement des terres de la Crau et de la Camargue! Et n'y aurait-il pas un moyen quelconque d'utiliser cette masse énorme d'eau et ce limon qui porte en lui, comme le limon du Nil, un élément si précieux de fertilisation?

NOTE 3

(p. 65).

AMÉLIORATION DE LA CRAU

Rien ne serait plus facile que d'organiser, au profit
de la culture, une conquête méthodique et rapide de
toute la surface de la Crau. L'irrigation ne se pratique
pas toute l'année; elle est interrompue pendant l'hiver,
et lorsque les eaux de la Durance sont bourbeuses, ce
qui arrive souvent, on évite de les répandre sur les terres
cultivées. C'est précisément alors qu'elles sont plus
abondantes, et, au moyen d'artifices très simples, les
artères principales qui servent à l'irrigation devien-
draient les voies de l'atterrissement. On pourrait, sans
une grande dépense, jeter ainsi sur la Crau, pendant
une centaine de jours de l'année, 30 mètres cubes
d'eaux limoneuses par seconde, c'est-à-dire de 3 à
4 millions de mètres cubes de terre, et livrer, chaque
printemps, à la charrue, 300 hectares et au delà. Ces
terres descendent, par la Durance, d'un niveau très
supérieur à celui de la plaine, et Adam de Craponne
a montré comment on pouvait les détourner au passage; il ne s'agit que de compléter son œuvre et d'apporter quelque ensemble dans les vues et l'action.

NOTE 5

(p. 82).

SIÉGE DE MARSEILLE

PAR JULES CÉSAR.

La fidélité que Marseille conserva à l'alliance romaine lui fit embrasser la cause de Pompée, qui comptait le sénat avec lui; son dévouement attira sur elle la colère de César, qui la soumit à sa puissance.

Pour maintenir sa domination, César bâtit une citadelle sur la partie la plus élevée de la ville; une garnison romaine y fut établie. Le camp retranché forma bientôt une ville à part, ville toute militaire et toute romaine, tandis que la population commerçante continua d'occuper les bords du port actuel, gouvernée par ses magistrats et obéissant à ses anciennes lois.

(*Marseille, son passé, son présent et son avenir*, p. 15 et 16, par M. Clapier, ancien député de Marseille.)

NOTE 6

(p. 102).

COURS LIEUTAUD

Le cours Lieutaud est destiné à relier le quartier bas de la rue de Rome au quartier haut de la plaine. La première partie s'étend du boulevard du Musée à la place d'Aubagne. Cette nouvelle voie a pour objet d'établir des communications faciles entre la gare du chemin de fer de la Méditerranée et le quartier sud de la ville.

Une pétition circule en ce moment, à Marseille, pour la suppression des ponts qui doivent raccorder la rue Estelle avec l'escalier conduisant au cours Jullien et les deux parties de la rue d'Aubagne coupées par le cours Lieutaud.

Quelques personnes proposent de remplacer ces divers ponts par un seul, d'une largeur suffisante, pour couper carrément le cours dont s'agit.

NOTE 7

(p. 106).

DESSIN DE M. LETZ

REPRÉSENTANT LES PORTS DE MARSEILLE.

M. Letz, architecte, élève de M. Espérandieu, a envoyé un magnifique dessin à l'Exposition universelle de Paris, qui représente la vue panoramique du port et de la ville de Marseille avec l'état ancien, les constructions actuelles en cours d'exécution et projetées, toutes les modifications à apporter aux bassins actuels, notamment, la construction de deux môles dans le bassin de la Joliette, les nouveaux ponts et passages dans les bassins d'Arenc, du Lazaret et Napoléon ; le bassin impérial et les bassins de radoub en cours d'exécution, les bassins projetés à la suite du bassin impérial prolongeant les jetées jusqu'au cap Janet ; la création du *bassin des Catalans*, et enfin le brise-lames formant, avec les jetées ci-dessus mentionnées, l'avant-port destiné principalement à fournir, par tous les temps et quelles que soient les dimensions des navires venant du large, un mouillage sûr et facile, et la possibilité d'évoluer ensuite vers les bassins.

Développement des quais des divers bassins du port de Marseille :

Etat ancien....	Port primitif , compris les bassins de carénage et canaux.................	2,500ᵐ

Bassins actuels.
	mètres.	
Bassin de la Joliette..	2,600	
dᵒ du Lazaret...	1,000	6,400
dᵒ d'Arenc......	1,200	
Napoléon	1,600	

Bassins en cours d'exécution.
Bassin impérial....	4,000	
De radoub........	1,500	6,500

Bassins projetés
Bassin faisant suite au bassin impérial	10,000	
Bassins des Catalans	6,000	16,000

Développement des quais dans l'avenir.... 31,400ᵐ

Longueur du brise-lames, 3,000 mètres.

NOTE 8

(p. 108).

PROJET D'UN NOUVEAU PORT AUX CATALANS

D'après le plan de M. Pascal, ingénieur, il serait pratiqué une longue jetée parallèle au rivage, derrière

laquelle se trouvent déjà abrités les cinq bassins exis-
tants et qui peut se prolonger jusqu'au cap Janet, en
renfermant un espace double de l'étendue actuelle.
De l'autre côté de l'avant-port, à la gauche de Marseille, et comme formant la seconde branche de
l'éventail, une digue, disposée comme celle de droite,
protègerait les ports en projet à l'anse des Catalans,
à partir du promontoire qui domine la résidence
Impériale jusqu'à l'ilot où s'élève la tour Canoubier,
en face de la pointe d'Endoume. Pour servir de vesti-
bule à tous ces bassins creusés des deux côtés, et en
avant de l'ancien port, devenu ainsi un arrière-bassin,
on fonderait une digue, comme celle de Cherbourg,
au milieu de la rade, laissant à ses deux extrémités
la mer grande ouverte. De la pointe d'Endoume
jusqu'au cap Janet, on conquerrait une surface de
200 hectares d'eau, avec un développement de 30
kilomètres de quais.

La Compagnie de la Méditerranée s'est engagée à
construire, à la place Castellane, une seconde gare
d'un accès plus facile pour le port projeté des Catalans,
et à ouvrir, sur la ligne d'Aubagne à Toulon, un em-
branchement qui se raccorderait avec la ligne principale. Lorsque ce projet sera en voie de se réaliser, il
est très présumable que la société actuelle des docks
utilisera, dans son propre intérêt, les terrains qu'elle
a acquis de ce côté de la ville.

NOTE 9

(p. 117).

DOCKS DE MARSEILLE

Les bassins et cales de radoub ont été concédés à la Compagnie des docks et entrepôts de Marseille, par un décret impérial du 29 août 1863. Cette Compagnie a acquis des terrains considérables de la Société des ports de Marseille, d'autres terrains situés à Montredon, au cap Pinède, dans le domaine des Bernardines, sis sur l'ancien port, quai de Rive-Neuve.

Les produits nets des docks se sont élevés, pour l'exercice 1864, à............. F. 443,254 36 c.

Ils avaient été, en 1863, de...... 99,178 89

Augmentation, en 1864......... 344,075 47 c.

Le mouvement de l'entrepôt a été, en 1864 :

Entrée.........	99,124 tonnes.
Sortie..........	72,340
TOTAL......	171,464 tonnes.

Le service des voies des ports établies sur les quais extérieurs au dock s'est élevé, pendant ce même exercice 1864, à 17,919 tonnes.

Les produits nets des diverses branches de l'exploitation des docks se sont élevés, en 1864, savoir :

Bateaux à vapeur ....F.	438,779	21 c.
Transit......................	197,741	01
Entrepôts....................	443,254	36
Voies des ports..............	16,076	93
Bassins de radoub.............	317,202	49
Location et produits divers.......	93,246	30
Total...........F.	1,506,300	20 c.

Le *tonnage*, pour l'année 1864, se décompose ainsi qu'il suit :

	tonnes.
Service des bateaux à vapeur..........	197,133
do du transit........	247,800
do des entrepôts......	171,464
do des voies et ports..	17,919
Total...................	634,316
Le mouvement du tonnage avait été, en 1863, de..........................	446,643
Augmentation en faveur de 1864.......	187,673

tonnes,

NOTE 10

(p. 131).

LES NOUVEAUX PAQUEBOTS DU BRÉSIL ET DE LA PLATA.

La Société générale des transports maritimes, pour organiser ce service, a acquis trois steamers à hélice, en fer, construits, en 1865, sur les chantiers de Sunderland, et qui, après avoir fait leurs preuves dans l'Atlantique, sous pavillon anglais, appartiennent aujourd'hui à la marine française; ce sont : la *Bourgogne*, la *Picardie*, le *Poitou*.

Ces bâtiments jaugent officiellement 1,470 tonneaux. Ils sont pourvus de machines de la force de 300 chevaux; ils mesurent, en longueur, 85 mètres; en largeur, 10 mètres, et leur creux est de 7 mètres 65 centimètres. Après avoir obtenu, aux essais, des vitesses de 12 nœuds et demi, les journaux de bord constatent que; en moyenne, on a réalisé, dans les voyages effectués, de 10 à 11 nœuds.

La coque est construite d'après le système cellulaire, c'est-à-dire qu'un double fond, régnant de l'avant à l'arrière et divisé en une série de compartiments, offre d'excellentes garanties contre les chances d'avaries résultant d'un échouage et augmente les conditions de sécurité de la navigation.

C'est aux races latines qu'il appartient de peupler et de coloniser un jour les vastes et riches espaces libres de la république Argentine. Déjà on y compte 127,217 Italiens, Français et Espagnols, en présence de 36,200 Anglais ou Allemands.

NOTE 11

(p. 131).

MESSAGERIES IMPÉRIALES

COMMERCE DE CHINE.

En 1852, la Compagnie des Messageries impériales ne possédait que 16 navires. Le fret de la tonne était, en moyenne, de F. 217 47 c.

En 1866, cette Compagnie possède 63 navires ; en douze ans, comme tonnage, sa flotte a décuplé; le parcours a quintuplé ; la vitesse a grandi de 20 p. %, le fret s'est abaissé de 78 p. %, les transports de marchandises se sont élevés dans la proportion de 1 à 18.

Marseille, qui n'avait, en 1852, que *quarante-deux bateaux* à vapeur (y compris les 13 paquebots de la régie des finances), en comptait *cent quarante-huit* en 1864, d'après les relevés de la douane, et, dans ce nombre, l'effectif des Messageries n'était compris que pour 48 navires. La flotte libre à vapeur de Marseille a donc *quadruplé* en douze ans.

La ligne du Japon a été inaugurée le 17 septembre 1865; celle de Batavia a été ouverte à la navigation au commencement de l'exercice 1866.

Les parcours accomplis en 1865 comprennent 472,215 lieues marines, dont 25,743 ont été effectuées par des paquebots affrétés; la vitesse moyenne réalisée (abstraction faite des navires qui, appliqués à des services auxiliaires de transports, ne concourent pas à l'exécution des itinéraires réguliers, a dépassé 9 nœuds 5 sur les grandes lignes; les trajets ont été faits avec une vitesse qui mérite d'être signalée.

Un voyage de Yokohama à Marseille, auquel ont concouru quatre paquebots des Messageries impériales, a été achevé en *quarante-trois jours*, comprenant trente-deux jours de navigation et onze jours répartis entre neuf stations. Avant l'ouverture du service postal français, le voyage le plus rapide de Yokohama à Marseille s'était accompli en cinquante-deux jours.

Il résulte, d'un rapport de M. Gennes de la Chancelière, lieutenant de vaisseau du roi (1732, collection de M. P. Margry), que, en 1735, le commerce de Chine avec toute l'Europe ne dépassait pas *douze millions*;

en 1864, il a été constaté par l'administration des douanes européennes, qui a fonctionné dans les ports chinois depuis le traité de 1861, que ce même commerce s'est élevé à *deux milliards de francs.*

Le commerce avec l'Europe comptait, dans l'ensemble de 1864, pour 920 millions, et, dans ce dernier chiffre, le commerce avec l'Angleterre entre pour 806 millions.

Marseille a reçu, en 1865, la moitié de l'exportation des soies de l'extrême Orient, tandis que, avant la création du service postal français, et malgré l'arrivée périodique à Marseille, depuis quinze ans, de deux courriers anglais venant de la Chine, par mois, la France n'en recevait pas, en moyenne, un dixième : les neuf dixièmes passaient par Gibraltar.

Il convient d'ajouter que des 25,000 balles de soie débarquées à Marseille, en 1865, 15,000 ont été acheminées en transit sur Londres; mais déjà l'importation directe de 10,000 balles réalise, pour la France, un progrès d'un véritable intérêt.

Du reste, il y a profit de temps et d'argent à fixer à l'entrepôt de Marseille le terme du voyage des soies orientales qui doivent se consommer en majeure partie en France, en Italie, en Suisse et en Allemagne ; tout fait présumer que ces soies s'y arrêteront de plus en plus. Un autre symptôme de l'avenir promis à ce commerce, c'est la tendance marquée des espèces monétaires à préférer Marseille à Londres, comme port d'exportation pour l'extrême Orient.

L'essentiel pour activer nos relations commerciales
avec la Chine, c'est que l'industrie nationale s'applique
à fabriquer des produits appropriés à l'usage du grand
nombre que réclament les besoins de l'extrême Orient.
Les tissus de Roubaix, de la Meuse, de Mulhouse, les
draps légers de Vienne réunissent toutes les conditions nécessaires pour imprimer un plus vif essor à nos
exportations. (Voir les articles que je publiais déjà,
dans ce sens, à Paris, le 17 *juin* 1847 et suivants,
dans la *Flotte*.)

NOTE 12

(p. 137).

COMMERCE D'EGYPTE

Le commerce général avec l'Egypte a progressé dans
d'énormes proportions ; d'une valeur de 23 *millions*
de francs, en 1852, il a atteint, en 1864, 198 *millions*.

La Compagnie des Messageries impériales, en em-
ployant, la première, pour la navigation à vapeur, les
houilles du midi de la France, a déterminé, dans tout
le bassin de la Méditerranée, un mouvement considérable d'exportation, qui a eu surtout pour résultat
de créer, pour les navires à voiles, un fret de sortie
qui manquait à Marseille.

NOTE 13

(p. 157).

TRAFIC DES PORTS DE L'EUROPE AVEC LES INDES

M. Chemin-Dupontès, dans une excellente étude statistique, évalue ainsi qu'il suit le trafic actuel entre les ports de l'Europe et les Indes :

Angleterre................	1,400,234 tonnes.
Hollande................	335,999
France..................	65,658
Espagne................	8,062
Hambourg et Brême.......	19,699
	1,880,562 tonnes.
Autres pays de l'Europe (approximativement....................	!69,438
TOTAL....	3,000,000

M. Dupontès, de même que M. Baude, regarde ce chiffre comme susceptible d'un accroissement bien autrement considérable, par suite du percement de l'isthme de Suez.

NOTE 14

(p. 165).

IMPORTATIONS ET EXPORTATIONS DE CHINE

A la sortie, nos envois en Chine et dans le Japon se composent, en général, de produits manufacturés, de tissus, de quincailleries, de verreries, de coraux, de riches soieries, de brocards, fils d'or, etc.; on tente aujourd'hui d'y joindre des lainages rouges et des cotonnades blanches, des toiles perses, des vins et quelques autres articles d'orfèvrerie et de modes.

Au retour, figurent, en première ligne, les cocons, la soie, le thé, les écailles, les drogues, les épices, les matières tinctoriales, les objets d'art et de fantaisie, tels que laques, porcelaines, etc.; la nacre de perle franche, l'écaille, l'indigo, l'abaca ou chanvre de Luçon qui se compose de la fibre desséchée d'une sorte de bananier sauvage.

NOTE 15

(p. 167).

LE LO-KAO OU VERT DE CHINE

A peine le vert de Chine ou lo-kao, provenant des
feuilles d'un arbre originaire de l'Asie, fut-il connu en
Europe, en 1845, et l'analyse chimique de ses propriétés démontrée, en 1852, que M. Guinon, de
Lyon, se mit vaillamment à l'œuvre dans ses ateliers
pour obtenir, de ce vert de Chine, les plus merveilleux
résultats.

A dater de 1856, la fortune du lo-kao était accomplie, et une conquête de plus acquise à notre fabrication.

M. Guinon teignit, à l'aide de cette substance, des
velours épinglés en une couleur verte, que leur analogie avec l'acétate de cuivre fit appeler vert-vénus.

Ces velours, envoyés à l'Exposition universelle par
MM. Gondre et Cᵉ, attirèrent l'attention de tous les
connaisseurs. Bientôt MM. Million et Cᵉ appliquèrent
le nouveau vert à des robes de soirée, et de somptueu-
ses étoffes, empreintes de cette nuance, sortirent des
magasins de MM. Ponson, Teillard, Heckel, etc.

TABLE DES MATIÈRES

—➤· c·{˙˙˙}·ꝝ·o·≺—

MARSEILLE MODERNE ET SON AVENIR

CHAPITRE II

Les *nouveaux monuments* et *embellissements de Marseille.*
— Le Prado, la promenade de la Corniche. — La plage
de Montredon. — L'église de Notre-Dame de la Garde. —
Le palais de Longchamp. — La bibliothèque du lycée, de
M. Espérandieu, la cathédrale, etc., etc. — La rue
Impériale et la Joliette. — Les nouveaux ports. — Le
dessin panoramique de ces ports envoyé, par M. Letz, à
l'Exposition universelle. — Les docks. — Les forges et
houilles. — Les minerais de Mokta-el-Hadid. — Les forges
et chantiers de la Ciotat. — Marseille, ville industrielle. —
Les diverses lignes des paquebots du Levant, de la Syrie,
de l'Egypte, du Danube, de la mer Noire, de l'Espagne et
du Maroc, de la Réunion et Maurice, du Brésil et de la
Plata. — Les Messageries impériales. — Les nouveaux
paquebots de l'Indo-Chine. — Commerce de Chine. —
L'isthme de Suez et ses nouveaux ports. — Leurs conséquences prochaines pour la prospérité commerciale et
l'avenir de la France et de Marseille dans l'extrême Orient.

Nimes. — Typ. Clavel-Ballivet et Cᵉ, rue Prédiler, 12.